FACULTÉ DE DROIT DE L'UNIVERSITÉ DE PARIS

PRINCIPES

DE LA

RESPONSABILITÉ CIVILE

DES NOTAIRES

PAR

PIERRE TANAZACQ

ANCIEN AVOCAT A LA COUR D'APPEL

THÈSE POUR LE DOCTORAT

Présentée et soutenue le *Mardi* 22 *Mai* 1900, *à* 10 *h. du matin*

Président : M. WEISS *professeur.*

Suffragants : MM. MASSIGLI, PLANIOL *professeurs.*

PARIS

LIBRAIRIE DE LA SOCIÉTÉ DU RECUEIL GÉNÉRAL DES LOIS ET DES ARRÊTS

FONDÉ PAR J.-B. SIREY, ET DU JOURNAL DU PALAIS

Ancienne Maison L. LAROSE & FORCEL

22, *rue Soufflot*, 22

L. LAROSE, Directeur de la Librairie

1900

THÈSE

POUR LE DOCTORAT

FACULTÉ DE DROIT DE L'UNIVERSITÉ DE PARIS

PRINCIPES

DE LA

RESPONSABILITÉ CIVILE

DES NOTAIRES

PAR

PIERRE TANAZACQ

ANCIEN AVOCAT A LA COUR D'APPEL

THÈSE POUR LE DOCTORAT

Présentée et soutenue le *Mardi 22 Mai* 1900, *à* 10 *h. du matin*

Président : M. WEISS, *professeur.*
Suffragants : { MM. MASSIGLI / PLANIOL } *professeurs.*

PARIS

LIBRAIRIE DE LA SOCIÉTÉ DU RECUEIL GÉNÉRAL DES LOIS ET DES ARRÊTS
FONDÉ PAR J.-B. SIREY, ET DU JOURNAL DU PALAIS
Ancienne Maison L. LAROSE & FORCEL
22, *rue Soufflot*, 22

L. LAROSE, Directeur de la Librairie

1900

A MON PÈRE

A LA MÉMOIRE DE MES GRANDS-PARENTS

INTRODUCTION

Dans son discours à l'audience solennelle de rentrée de la Cour de Lyon en 1892, — discours remarquable et qui contient sur le sujet si délicat de la responsabilité des notaires une vue d'ensemble pleine d'érudition, — M. l'avocat général Mallein disait avec raison : « Les questions de responsabilité notariale se sont multipliées dans des proportions vraiment inquiétantes, les condamnations prononcées par les tribunaux civils touchent à un grand nombre de notaires, et elles sont, pour la généralité de ces officiers publics, comme une perpétuelle et constante menace. La plupart sont bien assurés de ne jamais faillir à l'honneur. Les plus instruits et les plus avisés ne sauraient se promettre de ne tomber à aucun moment dans une de ces fautes légères, dans une de ces omissions, presque excusables, toujours possibles, qui engagent leur responsabilité pécuniaire et portent atteinte à leur réputation professionnelle ».

Au moment de commencer notre cléricature, la lecture de ce passage, faisant apparaître à nos yeux les écueils d'une profession dont nous ne voyions que le beau côté, nous a inspiré le projet de rechercher les principes auxquels pourra être soumise notre responsabilité future, et de vérifier le bien-fondé de la rigueur, souvent excessive, déployée par les tribunaux en matière de responsabilité notariale.

De l'examen de la jurisprudence, dans ces vingt dernières années surtout, il ressort que les tribunaux décident, avec une sévérité de plus en plus accentuée, toutes les questions, ou peu s'en faut, contre le notariat, et avec le grand tort de le faire sans trop savoir sur quels principes ils doivent s'appuyer. Il leur a fallu pour cela réagir contre les anciennes décisions, beaucoup plus favorables à une classe de fonctionnaires qui ont besoin, dans l'exercice de leur difficile ministère, de l'estime et de la considération générale. L'histoire de cette jurisprudence ne diffère guère de celle de toute jurisprudence. Quand une espèce nouvelle est soumise aux magistrats, une étude sérieuse et ap-

profondie leur est nécessaire pour se faire une opinion
juridique. Souvent ils ne disposent que d'un temps
limité; mais même s'ils peuvent se livrer à loisir à des
recherches suffisantes, l'esprit humain est naturellement sujet à l'erreur, et la robe ne confère pas l'infail-
libilité. Voici donc une première décision rendue,
juste ou fausse. Si elle est fausse, elle crée un précédent dangereux, dont les conséquences ne tarderont
pas à se manifester, surtout s'il s'agit d'un arrêt
rendu par la Cour de cassation. Si au contraire il a
été une première fois bien jugé dans l'espèce liti-
gieuse, comme chaque point de droit est susceptible
de se retrouver dans un nombre infini de situations
de fait, il est à craindre qu'une seule n'ait été réglée
et que les espèces futures ne soient à tort assimilées
à cette première espèce jugée. Car, s'il est naturel et
nullement blâmable que les jugements ultérieurs, en
des circonstances identiques, se bornent à reproduire
une première décision, vers quel chaos se dirige-t-on
par la perpétuation d'une erreur, ou par de fausses
assimilations? Ajoutons que les plaideurs (ou leurs
avoués) ne laissent rien passer de ce qui peut leur
être utile, et dans leur témérité (*audaces fortuna ju-
vat!*) n'hésitent pas à argumenter de quelques déci-

sions malheureuses qui trouvaient alors leur justi-
fications dans les faits de la cause.

De là l'embrouillement, l'arbitraire et l'oubli des
principes : de là la situation présente et les plaintes
des notaires, toujours rendus responsables, *parce
que notaires !* Comme malgré tout le jurisconsulte
veut des principes, aux règles de droit se substituent
des règles de fantaisie; les vrais principes sont mas-
qués et plongés dans l'oubli par une singulière conception de la mission du notaire, qui ne repose sur
aucun texte légal, mais n'a été créée que pour servir
de base à une jurisprudence qui ne peut se justifier.

Dès son entrée en exercice, il faut que le notaire
sache le droit, connaisse la jurisprudence et soit un
habile praticien. Mais quelles que soient son instruction et sa capacité à son début, il est tenu, sous peine
de s'exposer à des périls incessants, de suivre attenti-
vement les discussions de la doctrine et les décisions
des tribunaux. Il ne lui est pas permis d'ignorer si
une question de droit reste controversée ou si elle est
tranchée et n'est plus douteuse. Son ignorance le mè-
nerait à une condamnation certaine. D'après la tendance accusée des tribunaux et des cours d'appel, les
notaires ne sont pas seulement les rédacteurs des

conventions des parties, ils sont les directeurs et les surveillants des affaires et des opérations de leurs clients. Bien plus, les honoraires attachés à la rédaction de l'acte et à la conservation de la minute constitueraient un salaire de mandat pour les formalités ultérieures qui pourraient devenir nécessaires et se répéter pendant un nombre d'années indéfini. A ces obligations déjà si lourdes et si difficiles à remplir, les juges ne craignent pas d'en ajouter encore une qui n'est rien moins que surhumaine. Le notaire doit être au-dessus de toute défaillance physique et intellectuelle; il doit être impeccable et infaillible : l'idéale perfection est exigée de lui. Quand un autre citoyen commet une faute, les juges examinent sa moralité, sa conduite antérieure, son intention, et si le résultat de l'examen est favorable, ils lui accordent libéralement des circonstances atténuantes; pour le notaire ces considérations humanitaires sont effacées, on lui applique comme règle générale le maximum de la punition; on le condamne à la réparation intégrale du dommage.

Cette rigueur excessive est-elle juste, est-elle seulement utile? Troplong, Demolombe, Paul Pont, Vergé, Dalloz et bien d'autres savants auteurs qui ont

examiné et discuté cette grave question de la responsabilité notariale, sont d'accord pour déclarer que les
décisions judiciaires sont trop dures et les condamnations trop sévères et pour en montrer les conséquences déplorables. Mais la plupart de ces auteurs,
pensant avoir assez fait en constatant le fâcheux courant qui entraîne la jurisprudence, se bornent à
cette protestation platonique, et s'empressent aussitôt
de tirer de leurs principes des conséquencee pratiques
propres à justifier à peu près cette jurisprudence qu'ils
critiquent.

Nous n'avons pas voulu suivre l'exemple de nos devanciers et nous borner à reproduire leurs idées dans
un travail qui n'aurait eu le mérite de l'originalité ni
dans le fond ni dans la forme, et qui par surcroît aurait été en désaccord avec nos sentiments personnels.
Tout autre au contraire fut notre but : sans nous soumettre à une jurisprudence qui, si elle domine tout
en pratique, ne fait pas la loi dans le domaine du droit
pur, et que nous critiquerons en détail à son heure,
nous nous sommes proposé d'étudier les textes même,
pour tirer d'eux seuls les règles légales qui nous
semblent devoir seules être admises.

Nous n'avons pas eu l'intention de faire une nomenclature, un relevé de tous les cas de responsabilité notariale, et de toutes les espèces jugées ; laissant autant que possible de côté les points de détail universellement admis, et qui relèvent des encyclopédies, nous nous sommes attaché plutôt à rechercher les principes, les idées générales qui doivent gouverner cette matière, et à n'examiner que les théories qui nous paraissent en opposition avec la nôtre. Sans prétendre faire une apologie du notariat, nous avons voulu réagir contre les tendances jurisprudentielles, et réclamer pour ces honorables fonctionnaires le droit de n'être pas traités plus mal que les autres citoyens, en ne concédant que ce qui est légalement justifié.

Monsieur le professeur Weiss nous a fait un grand honneur en acceptant la présidence de notre thèse ; nous le prions de vouloir bien agréer, avec l'hommage de notre profond respect, l'expression de notre vive reconnaissance.

PREMIÈRE PARTIE

Principes

de la

responsabilité civile des Notaires.

CHAPITRE PREMIER

De la responsabilité civile en général et de sa sanction dans notre législation.

La responsabilité est la conséquence naturelle et immédiate de la liberté de l'homme. Par cela seul que l'homme peut choisir librement entre deux partis qui s'offrent à lui, il encourt la responsabilité de ses actions quand elles sont de nature à porter préjudice aux intérêts de la société ou des individus, sous cette condition cependant qu'il se trouve dans les conditions d'âge fixées par la loi et qu'il ait agi dans la plénitude de ses facultés intellectuelles (art. 64 du Code pénal). « La liberté éclairée par la raison et le fondement de la responsabilité. » (V. Cousin). — Le bien devant être la règle de conduite de tout individu normalement constitué, dès qu'il y manque, il se trouve en faute et encourt, à l'exception des cas de responsabilité purement morale, qui ne relèvent que de sa conscience, une réparation pénale, lorsque la faute commise a pris le caractère d'un crime, d'un délit ou d'une contravention (art. 1 du Code d'instruction criminelle); — une réparation civile ou pécuniaire, soit qu'il s'agisse d'une de ces infractions, criminelle, correctionnelle ou de simple police (art. 74 du Code pénal), soit qu'il s'agisse d'un acte qui ne tombe pas sous le coup de la loi pénale, mais qui n'en a pas moins porté préjudice à autrui (Code civil, art. 1382 et suivants).

Cette étude devant porter sur la responsabilité civile des notaires, il importe de déterminer tout d'abord les caractères de la responsabilité civile et ses règles générales dans notre législation.

§ 1. Qu'est-ce que la responsabilité civile? La responsabilité civile résulte de l'obligation d'exécuter les devoirs légalement prescrits et de s'abstenir de ce qui est défendu par la loi. L'infraction à cette obligation, constituant un délit, donne ouverture à une action en justice, dont le but est la réparation du préjudice causé, et sert de base à la fixation de dommages-intérêts proportionnés à ce préjudice.

Dans son rapport au Tribunat, au nom de la section de législation, sur la loi relative aux engagements qui se forment sans convention (16 pluviôse an XII), le tribun Bertrand de Greuille disait : « Tout individu est garant de son fait : c'est une des premières maximes de la société ; d'où il suit que si ce fait cause à autrui quelque dommage, il faut que celui par la faute duquel il est arrivé soit tenu de le séparer. Le principe n'admet point d'exception ; il embrasse tous les crimes, tous les délits, en un mot tout ce qui blesse les droits d'un autre ; il conduit même à la conséquence de la réparation du tort, qui n'est que le résultat de la négligence ou de l'imprudence ». Dans la séance du 9 pluviôse, le conseiller Treilhard avait déjà posé le même principe, et le 19 pluviôse, le tribun Tarrible, chargé de présenter au Corps législatif le vœu du Tribunat sur le même sujet, disait : « Chacun est responsable du dommage qu'il a causé, non seulement par son fait, mais encore par sa négligence ou son imprudence. Cette disposition, qui donne une garantie à la conservation des propriétés de tout genre, est pleine de sagesse. Lorsqu'un dommage est commis par la faute de quelqu'un, si l'on met en balance l'intérêt de l'infortuné qui le souffre avec celui de l'homme coupable et imprudent qui l'a causé, un cri soudain de justice s'élève et répond que ce dommage doit être réparé par son auteur. Cette disposition embrasse, dans sa vaste latitude, toutes sortes de dommages et les assujettit à une réparation uniforme qui a pour mesure le préjudice souffert ». Et plus loin : « Le dommage, pour qu'il soit sujet à réparation, doit être l'objet d'une faute ou d'une imprudence de la part de quelqu'un.... S'il y a eu faute ou imprudence, quelque légère que soit leur influence sur le dommage commis, il en est dû réparation ».

Nous n'entrerons pas ici dans l'examen des conditions requises pour qu'il y ait lieu à responsabilité : ce sujet sera amplement traité dans tout le cours de cette étude et en particulier dans le chapitre consacré à l'exercice de l'action en responsabilité. Contentons-nous d'indiquer sommairement qu'il faut, pour qu'un fait oblige son auteur à une réparation civile : 1° que ce fait soit illicite ; 2° qu'il puisse être imputé à un auteur réputé en faute ; 3° qu'il ait causé à autrui un préjudice appréciable : peu importe qu'il consiste dans une action, une omission, une négligence ou une imprudence.

§ II. Le principe de la responsabilité, ayant été admis de tout temps comme une manifestation directe de l'équité et du droit naturel, devait trouver sa place dans la législation positive.

Dans notre droit, l'article 1382 du Code civil, ainsi conçu, lui est consacré : « Tout fait quelconque de l'homme qui cause à autrui un dommage oblige celui par la faute duquel il est arrivé à le réparer ». Cet article ne signifie pas, comme on le lui a fait dire bien souvent, que chacun est obligé de réparer le préjudice dont il est l'auteur, car ce préjudice peut résulter de l'exercice normal et non abusif d'un droit. Pour que l'obligation de réparer le préjudice causé à autrui prenne naissance, il faut que l'auteur soit en faute ; c'est le *damnum injuriâ datum*, qui faisait en droit romain l'objet des prévisions de la loi Aquilia. — Cass., 28 juillet 1887 (S. 93. 1. 198; D. 93. 1. 585), et 15 avril 1889 (S. 91. 1. 292; D. 90. 1. 1. 136).

L'élément de faute est donc essentiel dans l'article 1382. C'est dans l'article 1383 que nous voyons ce qu'il faut entendre par *faute* : « Chacun est responsable du dommage qu'il a causé, non seulement par son fait, mais encore par sa négligence ou son imprudence ». Ce qui revient à dire que la faute la plus légère suffit pour faire encourir la responsabilité édictée par l'article 1382. *In lege Aquiliâ levissima culpa venit.*

Il est certain, et personne n'oserait soutenir le contraire, que le notaire en tant qu'homme privé, que simple citoyen, n'échappe pas à cette responsabilité, qui pèse sur tous les citoyens, et ce n'est que justice. Mais ce notaire exerce une profession dont les devoirs sortent du commun; ses fonctions, conférées par l'autorité publique, doivent aussi le placer, dans l'exercice de son ministère, en dehors des règles générales applicables à tous, et lui faire encourir une responsabilité particulière. C'est à cette conception que nous allons nous attacher.

CHAPITRE II

Des fonctions notariales; principe et applications
de la responsabilité qui en résulte.

SECTION I

Avant d'examiner si le principe posé par les articles 1382 et
1383 du Code civil doit être appliqué aux notaires pour les
actes de leur ministère, il est nécessaire de déterminer ce qu'est
un notaire et quelles en sont les fonctions légales.

D'après l'article 1 de la loi du 25 ventôse an XI, « les notaires
sont les fonctionnaires publics établis pour recevoir tous les
actes et contrats auxquels les parties doivent ou veulent donner
le caractère d'authenticité attaché aux actes de l'autorité publique, et pour en assurer la date, en conserver le dépôt, en
délivrer des grosses et des expéditions ». C'est d'eux que le
conseiller d'État Réal disait, dans l'exposé des motifs de la loi
du 25 ventôse : « A côté des fonctionnaires qui concilient et qui
jugent les différends, la tranquilité appelle d'autres fonctionnaires, qui, conseils désintéressés des parties aussi bien que
rédacteurs impartiaux de leurs volontés, leur faisant connaître

toute l'étendue des obligations qu'elles contractent, rédigeant ces engagements avec clarté, leur donnant le caractère d'un acte authentique et la force d'un jugement en dernier ressort, perpétuant leur souvenir et conservant leur dépôt avec fidélité, empêchent les différends de naître entre les hommes de bonne foi, et enlèvent aux hommes cupides, avec l'espoir du succès, l'envie d'élever une injuste contestation. Ces conseils désintéressés, ces rédacteurs impartiaux, ces espèces de juges volontaires qui obligent irrévocablement les parties contractantes, sont les notaires; cette institution est le notariat ».

Telle est en effet l'opinion commune sur le rôle du notaire, et telle est en fait son influence sur presque tous les actes juridiques de la vie courante. Il était donc naturel que le notaire fut ainsi désigné par un orateur qui devait s'attacher à montrer toute l'importance pratique de ces officiers publics. Mais de là viennent aussi les décisions judiciaires si nombreuses et si rigoureuses pour le notariat.

Or, de deux choses l'une : ou cette jurisprudence est véritablement fondée, présente une base solide, ou elle ne l'est pas. Si la première hypothèse est vraie, c'est qu'alors les rigueurs des tribunaux répondent à une situation normale, et, dans ce cas, l'institution notariale étant corrompue doit être réformée de toutes pièces. Or personne n'ose aller jusque là. Mais si la seconde hypothèse est seule admissible, l'état de la jurisprudence accuse une exagération manifeste, et il importe de réagir contre la situation menaçante qu'elle a créée.

Nous nous sommes proposé de démontrer que la dernière hypothèse est la véritable, ce que constatent avec un remarquable ensemble tous les auteurs qui ont abordé l'étude de ces questions; aussi devons-nous rechercher, pour l'opposer à l'opinion courante, le rôle du notaire, tel que la loi le lui a tracé, et examiner comment la jurisprudence a été amenée, par de fausses considérations d'équité, à s'écarter des textes, qui sont formels, pour sanctionner en l'aggravant l'opinion du vulgaire.

Le notaire, dit l'article 1 de la loi du 25 ventôse an XI, après l'article 1, section II, titre I, du décret des 29 septembre-6 octobre 1791, est un *fonctionnaire public*. La qualification de fonctionnaire public n'est pas susceptible d'une définition rigoureuse; on peut cependant dire que ce sont « tous ceux qui, beaucoup moins par le traitement qu'ils peuvent recevoir de l'État que par la nature même des fonctions que le pouvoir leur a concédées, sont, en leur qualité de dépositaires d'une portion quelconque de la Puissance publique, reçue par eux de l'État, appelés à concourir d'une manière constante, ou tout au moins très habituelle, à la gestion de la chose publique, alors même qu'ils n'exerceraient qu'en vue d'intérêts particuliers, et que leur ministère serait de ce chef purement privé, pourvu, dans ce dernier cas, que la loi leur ait conféré ce titre dont nous parlons. Ils peuvent appartenir à l'ordre administratif, à l'ordre judiciaire ou à l'ordre purement civil : c'est spécialement dans ce dernier groupe que figurent pour nous les notaires. » (P. Louis-Lucas, *Étude sur la Vénalité des charges et fonctions publiques*, tome I, *Introduction générale*, page 45, note 80, B. 3°).

Cependant ce titre leur est refusé par certains auteurs. Nous avons adopté sur ce point l'opinion présentée par M. Louis-Lucas, pages 34 et suivantes de son Étude.

Critiquant la théorie pleine de contradictions de Dalloz et de la jurisprudence, qui ne veulent voir dans les notaires que des officiers ministériels, M. Louis-Lucas conclut en ces termes, qui renferment en faveur de notre thèse deux arguments absolument décisifs : « Comment! le notaire (selon Dalloz, *Répertoire*, v° *Officier public — officier ministériel*, n°ˢ 4 et 5 n'aurait aucune participation à l'exercice de la puissance publique et ne concourrait en aucune sorte, sous aucun rapport, à la gestion de la chose publique? Nous avouons alors, si cela est, ne pas comprendre du tout, d'après ce qui précède, en vertu de quel principe ses actes emportent exécution parée, sans qu'il soit besoin de recourir à un jugement pour employer la *manus militaris*, ou, en d'autres termes, sont *exécutoires sans visa ni pareatis*, comme dit l'article 547 du Code de procédure civile. Or, pour qu'ils jouissent de cette prérogative incontestable (Loi du 25 ventôse an XI, article 19, § 1), comment ne pas voir, dans celui à qui la loi commet le soin de les revêtir de la formule exécutoire, et par l'intermédiaire duquel elle donne aux particuliers le droit de s'en prévaloir, un véritable délégataire de l'autorité publique? Mais il y a mieux; pour ne citer que le texte principal, la loi organique du notariat du 25 ventôse an XI (16 mars 1803), article 1, prenant la peine de définir les notaires, les qualifie expressément de « fonctionnaires publics ». Ce texte est formel, comme l'était celui de la loi des 29 septembre-6 octobre 1791, section II, article 1. Et malgré son opinion contraire, Dalloz lui-même est obligé de reconnaître (*Répertoire*, v° *Notaire*, n° 228) que « si les notaires ne sont pas des fonctionnaires publics dans toute l'acceptation du mot, ils sont fonctionnaires publics en ce sens qu'ils tiennent directement leurs attributions du pouvoir souverain, ainsi qu'on l'a expliqué, n°ˢ 224 et suivants, et qu'ils ont, indépendamment du droit de recevoir les actes et de leur donner l'authenticité, le droit de requérir la force publique pour leur exécution ». Dans l'exposé des motifs au Corps législatif, l'orateur du gouvernement, le conseiller d'Etat Réal, avait dit des notaires, qu'ils donnent aux engagements « le caractère d'un acte authentique et la force d'un jugement en dernier ressort ». Au conseil des Cinq Cents, Favard de Langlade disait : « Les notaires exercent une partie de l'autorité de justice ». De même, dans le rapport au Roi sur l'ordonnance du 4 janvier 1843 (Voir *Moniteur*, 9 janvier 1843). D'une façon générale, textes et auteurs reconnaissent aux notaires la qualité de fonctionnaires publics ; quant à la jurisprudence, tantôt elle leur accorde ce titre, tantôt elle le leur refuse ». Cette discussion pouvant nous entraîner trop loin, nous nous bornons à renvoyer à l'étude magistrale, faite par M. Paul Louis-Lucas des termes *Officier public, officier ministériel et fonctionnaire public*, dans l'Introduction générale de son Traité, § 7 et 8, pages 35 à 197, et en particulier pour les références à la note 100, alinéa 4, page 57.

Le notaire est donc un *fonctionnaire public ;* comme tel il est investi d'un mandat social et remplit une charge publique. Lorsqu'il agit en cette qualité, sa personnalité s'efface et disparaît pour laisser se manifester seul le pouvoir social ou public.

Du chef de ses fonctions, le notaire est encore un *dépositaire* (articles 1 et 24 de la loi du 25 ventôse an XI).

Il est enfin apte à recevoir certains *mandats*, en vertu desquels il représente des absents (article 113 du Code civil) ou des non-présents (articles 928, 931, 942 du Code de procédure civil).

Dans ce dernier cas, la responsabilité du notaire sera celle d'un mandataire salarié (article 1992 du Code civil).

Au notaire dépositaire seront applicables les règles de la responsabilité du dépôt salarié (article 1928, 2°, du Code civil).

Quant au fonctionnaire public, nous allons essayer de restreindre à ses limites légales la théorie de sa responsabilité, telle qu'elle ressort des monuments de la jurisprudence, et que l'ont exposée la plupart des auteurs, adoptant cette jurisprudence tout en s'élevant contre ses déplorables conséquences.

SECTION II

La responsabilité du notaire, comme fonctionnaire public, a existé de tout temps ; elle est garantie par le cautionnement.

En dehors des cas spéciaux régis par les règles, nettement tracées par la loi, du dépôt et du mandat, suivant quels principes la responsabilité des notaires, en tant que fonctionnaires publics, doit-elle être établie ?

Tout d'abord il est évident que tout homme étant responsable de ses actes, le notaire doit encourir lui aussi un certain degré de responsabilité à raison de ses fautes professionnelles. Un court aperçu historique nous montrera qu'il en a été ainsi de tout temps, mais la mesure et le degré de cette responsabilité, à peu près identiques aux différentes époques du droit, n'ont été élevés et aggravés que dans ce dernier siècle.

En droit romain, bien que les notaires n'eussent pas le caractère qu'ils ont aujourd'hui, cette loi si complète ne pouvait manquer de s'occuper de la responsabilité des officiers chargés de constater les conventions des parties, de recevoir leurs dispositions, de représenter des incapables. Les novelles 23 et 73 de Justinien sont relatives à certaines obligations imposées aux *tabelliones*, *tabularii*, *scribæ* dans la rédaction des actes et la constatation des accords, et à la présence des témoins. Il est incontestable que la sanction de cette obligation se trouvait dans la responsabilité civile de l'écrivain qui l'enfreignait, et, quoique nous n'en trouvions pas le principe posé en termes formels, cette matière était dominée par la règle, si importante en droit romain, de la réparation du préjudice causé par le dol, la faute, la négligence ou l'impéritie; en effet, les notaires n'existant pas alors à titre d'officiers publics, n'étaient pas soumis à une responsabilité spéciale ou professionnelle, limitée à des hypothèses fixes, et donnant lieu, par cette limite même, à des questions d'étendue qui formeront le fond de cette étude : leur responsabilité dérivait presque toujours du mandat, de la gestion d'affaires ou du louage de services.

On peut cependant citer des textes spéciaux réglementant certaines hypothèses qui ont pu agir sur notre législation. La loi 6 au Code, *De magistratibus conveniendis*, rendait responsable le scribe qui, ayant accepté de dresser l'inventaire des biens d'un incapable, lui avait causé préjudice par son dol ou sa négligence : « *In quo casu non curatoris erit ratio reprehendenda, si qua læsio rebus minoris illata fuisse adversus legum ordinem comprobetur, sed super negligentiâ vel dolo scribæ, qui veram substantiæ taxationem passus est occultari, legibus erit agendum.* »

La loi 29 au Code, *De testamentis*, déclarait coupable de faux le scribe qui avait omis les formalités nécessaires à la validité des testaments : « *Scituris et tabellionibus et his qui conficienda testamenta procurant, quod si aliter facere ausi fuerint, pœnam falsitatis non evitabunt, quasi dolose in tam necessariâ causâ versati* ».

On pourrait encore invoquer par analogie la loi 14, § 3 au Code, *De sacrosanctis ecclesiis*, et les lois rendues contre les arpenteurs, et qui se trouvent au Digeste, titre *Si mensor falsum modum dixerit*, xi, 6.

Notre ancien droit français fournit de nombreux exemples de responsabilité notariale ; les notaires étaient surtout considérés comme étant les greffiers des conventions, chargés de leur donner l'authenticité. S'ils avaient accompli ce devoir, leur responsabilité ne pouvait exister, quelles que fussent les conséquences ultérieures des actes, sauf le cas de dol ou de fraude et les exceptions créées par certaines ordonnances. En ce sens, Furgole, *Des testaments*, titre IV, chapitre 12 ; Louet, lettre N, sommaire 9 ; Henrys, tome I, livre II, chapitre 4, question 27 ; Rousseaud de la Combe, v° *Notaire*, n° 12 ; Lapeyrière, v° *Notaire*, n° 4 ; Denisart, v° *Nullité*, n° 32 ; Jousse, *Justice civile*, titre II, page 404.

Si, au contraire, le notaire n'avait pas baillé l'authenticité requise, sa responsabilité pouvait être engagée : déclaration du 29 septembre 1722, disant que « les notaires demeureraient responsables des dommages-intérêts que les parties pourraient souffrir par la nullité de leurs actes ». Un des auteurs les moins affirmatifs, Claude de Ferrière, disait cependant : « Il semble que les notaires doivent être tenus des dommages-intérêts des parties, quand la nullité de leurs actes provient de ce qu'ils auraient fait quelque chose de contraire aux dernières ordonnances », en se fondant sur la gravité de la faute par eux commise, par ignorance de ce qu'il leur appartenait de connaître à raison même de leur profession (*La Science parfaite des notaires*, édition de 1692, p. 39) [1]. Dans une édition postérieure publiée en 1741 par son fils Claude-Joseph de Ferrière, ces hésitations ont disparu et la responsabilité des notaires, ainsi que leur irresponsabilité, sont nettement posées dans la distinction suivante : « Il n'y a point de doute que les notaires ne doivent point être tenus des dommages-intérêts des parties, quand la nullité de leurs actes provient de la disposition du droit et des coutumes, pourvu qu'il n'y ait point de dol ni de faute si lourde qu'elle ne soit inexcusable et mérite de passer pour dol ; mais ils doivent être tenus des dommages-intérêts des parties, quand la nullité de leurs actes provient de ce qu'ils auraient fait quelque chose contraire aux ordonnances ». Livre I, chap. 17.

(1) *La Science parfaite des notaires,* ou le moyen de faire un parfait notaire, contenant les ordonnances, arrêts et règlements, rendus touchant les fonctions de notaire, avec une instruction pour dresser toutes sortes d'actes, etc. Par Claude de Ferrière, avocat au Parlement de Paris, 1 vol. in-4°. Les éditions se succèdent de 1682 à 1741.

Il résulte de cette distinction que le notaire n'était pas responsable des nullités tenant au fond du droit, ni de celles tenant à la capacité des parties, même lorsqu'une d'elles était interdite, « parce que, dit encore le même auteur, un notaire n'est pas obligé de consulter à chaque contrat qu'il passe le tableau des interdits ». Au contraire, les fautes qui rendent l'acte nul, les manquements aux devoirs professionnels, engageaient la responsabilité du notaire, et encore pas absolument, car la justice se réservait le droit de statuer selon les circonstances. Cette doctrine est exposée aussi dans le *Nouveau praticien français* de Lange (1741) tome I, p. 604.

Dans le droit moderne, le premier document important est la loi des 29 septembre-6 octobre 1791, qui n'a rien innové sur ce point, car si, pour remédier au trop grand nombre de notaires, à leur peu de capacité et à la vénalité des charges, elle en fait des délégués directs du pouvoir exécutif, — des fonctionnaires obligés de gagner leur place au concours, — sous le nom de *notaires publics*, elle semble bien s'en rapporter aux anciens principes en n'abordant pas la question de responsabilité. Cette référence au droit précédent se dégage implicitement de l'obligation d'un *cautionnement* ou dépôt d'un fonds de responsabilité en deniers à titre de garantie du fait des fonctions notariales, lequel variait de quarante mille livres pour Paris à deux mille dans les bourgs et villages (titre I, section 2, articles 16 à 19).

Le cautionnement n'était pas chose nouvelle. Déjà, dans la Loi unique au Code, *De periculo eorum*, le titulaire d'une charge vénale qui résignait ses fonctions, était responsable des actes de son successeur; — dans notre droit ancien, les comptables de deniers royaux furent soumis à cette sage mesure d'un fonds de garantie en deniers par un arrêt du Conseil du 30 avril 1758, confirmé et aggravé par nouvel arrêt du 17 février 1779, lequel arrêt de 1779 a servi de base à la législation actuelle.

Mais ces dispositions n'étaient pas applicables aux notaires; et point n'en était besoin, car dans le système de la vénalité qui existait alors, la finance de l'office, c'est-à-dire la somme versée par les notaires comme prix de leur charge, était affectée aux créanciers pour faits de charge par un privilège spécial et si favorable que ces créanciers étaient préférés même au vendeur de l'office non payé ou aux bailleurs de fonds. Cette garantie était donc bien plus certaine que le cautionnement.

C'est la loi des 29 septembre-6 octobre 1791 qui a soumis les notaires à une obligation jusqu'alors inutile. La vénalité des offices étant abolie, il convenait et il était nécessaire d'assurer une garantie efficace aux particuliers contre les actes de fonctionnaires publics à qui sont confiés la direction et le maniement des intérêts privés; d'autant plus que le recours au ministère de ces fonctionnaires étant souvent obligatoire pour la confection d'actes importants, la seule possibilité de voir une atteinte portée au patrimoine de leurs clients appelait une protection sérieuse de la loi.

Depuis la loi des 29 septembre-6 octobre 1791, l'obligation pour les notaires de fournir un cautionnement fut successivement effacée et rétablie par les lois du 12 pluviôse an II, article 29 et du 7 ventôse an VIII. Mais les rédacteurs de la loi spéciale du 25 ventôse an XI ont définitivement maintenu une si sage précaution, pensant que cette mesure « tournerait au profit de l'État et des citoyens ; qu'il en résulterait une plus grande sûreté contre les notaires qui pour raison des faits de leurs fonctions encourraient des condamnations pécuniaires ». (Discours de Jaubert au Tribunat).

D'où les articles 33 et 68 de la loi du 25 ventôse an XI ainsi conçus : article 33. « Les notaires... sont assujettis à un cautionnement fixé par le gouvernement, et spécialement affecté à la garantie des condamnations prononcées contre eux par suite de l'exercice de leurs fonctions » et article 68 : « Tout acte fait en contravention aux dispositions contenues aux articles 6, 8, 9, 10, 14, 20, 52, 64, 65, 66, 67 est nul, s'il n'est pas revêtu de la signature de toutes les parties ; et lorsque l'acte sera revêtu de la signature de toutes les parties contractantes, il ne vaudra que comme écrit sous signature privée ; sauf dans les deux cas, s'il y a lieu, les dommages-intérêts contre le notaire contrevenant ».

SECTION III

COMMENT ON A COMPRIS LA RESPONSABILITÉ NOTARIALE
DEPUIS LE CODE CIVIL.

Au moment de la rédaction du Code civil, les notaires en tant que fonctionnaires publics étaient donc responsables professionnellement en vertu de leur loi organique et dans la mesure déterminée par cette loi. L'avénement du Code civil a-t-il pour effet de modifier sur ce point la législation spéciale du notariat?

Nous n'entrerons pas dans la discussion des différents systèmes proposés et mis en pratique pour concilier les dispositions spéciales de la loi de ventôse et les dispositions générales des articles 1382 et 1383 du Code civil. Ces divergences, inévitables lors de l'apparition d'une législation nouvelle, se sont d'ailleurs vite unifiées, et aujourd'hui nous ne nous trouvons plus en présence que de deux systèmes, celui triomphant de la jurisprudence qui admet la coexistence et l'application simultanée de la loi de ventôse et des articles 1382 et 1383, et celui auquel nous nous rallierons, et qui fait de la loi de ventôse et des dispositions spéciales éparses dans nos Codes, la seule mesure de la responsabilité notariale.

L'opinion, d'après laquelle la loi spéciale aurait été remplacée par la loi générale, n'a en effet pas eu longue durée et a été définitivement condamnée par arrêt de la Cour de cassation en date du 27 novembre 1837 (D. 37. 1. 465). Cet arrêt signalait nettement les différences qui existent entre ces deux sortes de responsabilité : d'après l'article 68 de la loi de ventôse, les notaires ne sont pas de plein droit et d'une façon absolue responsables des nullités ayant pour cause les irrégularités ou omissions par eux commises lors de la rédaction des actes ; ils n'y sont assujettis que « *s'il y a lieu* ». Aussi la déclaration de nullité n'entraîne pas nécessairement la responsabilité du notaire, qui est laissée à l'appréciation des tribunaux, ainsi que la quotité des dommages-intérêts. Au contraire, d'après le Code civil, la responsabilité est absolue, et dès qu'un préjudice est causé, il en est dû réparation. Or il est impossible d'appliquer directement et absolument aux notaires les articles 1382 et 1383. L'extension et le vague de ces articles ne répondent guère à la nécessité d'une réglementation étroite exigée par une matière aussi délicate. De plus, avec la multiplicité des affaires et des chances d'erreur, c'eût été étouffer l'institution du notariat que de rendre ces fonctionnaires responsables absolument et dans tous les cas, sans que les circonstances de la cause puissent conformément au droit commun atténuer ou même supprimer toute responsabilité. D'ailleurs il serait inadmissible qu'en présence d'une loi, tout à fait spéciale, il faille recourir à des dispositions générales qui lui sont tout à fait étrangères. *In toto jure generi per speciem derogatur, et illud potissimum habetur quod ad speciem directum est.* Loi 80, Digeste, *De Regulis juris.* Les articles 1382 et 1383 du Code civil n'ont pas abrogé les articles 6 et 68 de la loi antérieure du 25 ventôse an XI, qui établissent une responsabilité spéciale pour les notaires et n'obligent pas les juges à rendre dans tous les cas ces officiers responsables de la nullité de leurs actes. Cassation, 14 avril 1886 (D. 86. 1. 466); Paris, 28 et 29 octobre 1890 (*Droit,* 31 octobre 1890).

Il en résulte donc que la réglementation spéciale de la loi de ventôse existe toujours et n'a pas cessé d'être applicable aux notaires. Mais sont-ils soumis simultanément au principe général des articles 1382 et 1383 et à leur loi spéciale, ou sont-ils uniquement régis par cette dernière? C'est la grande question sur laquelle se sont partagés les suffrages de tout ce siècle;

seulement il s'agit de praticiens, qui sont, malgré toutes les
vérités doctrinales, obligés de compter avec la jurisprudence,
maîtresse absolue de la pratique ; aussi la lutte qui faiblit déjà
cessera-t-elle complètement, faute d'intéressés, par la suppression des notaires et leur remplacement par des fonctionnaires
analogues aux receveurs d'enregistrement, que leur traitement
fixe et leur absence presque absolue de responsabilté rendront
indifférents à toute discussion théorique.

Quoi qu'il en soit, examinons ce système, appliqué par la
jurisprudence jusqu'en ses ultimes conséquences, et exposé,
sinon toujours soutenu, par Demolombe, XXXI, *Des contrats*,
§ 528 et suivants ; Dalloz, *Répertoire*, XXXIX, v° *Responsabilité*,
n°' 304 et suivants, et *Jurisprudence générale*, 10120 à 10123 ;
Éloy, *Traité de la responsabilité des notaires* (toute la première
partie), et en général par tous les auteurs touchant, par quelque
point, à la magistrature. Aussi n'est-ce que pour guider sûrement
la pratique en présentant un tableau exact de la jurisprudence
que ces idées ont pu être exposées dans le *Répertoire encyclopédique du droit français*, tome IX, v° *Notaire*, et le *Code du
notariat*, de Boulet, tome II, pages 475 et suivantes.

D'après ces auteurs, les articles 1382 et 1383 ne doivent
pas être considérés comme étrangers au notariat. Le principe
est, dit Demolombe, *op. cit.*, 529, que « la responsabilité notariale est soumise en même temps à la loi générale des articles
1382 et 1383 et à la loi spéciale du 25 ventôse an XI, dont l'article 68 confère particulièrement aux juges un pouvoir discrétionnaire d'appréciation ». Sans doute les dispositions de la loi
de ventôse doivent toujours être suivies ; elles constituent tou-

jours les règles fondamentales de la responsabilité notariale
en ce sens que la nullité d'un acte ne doit entraîner la responsabilité du notaire que *s'il y a lieu*, c'est-à-dire s'il y a eu de
la part du notaire faute de nature à engager sa responsabilité
(Cassation, arrêt précité du 27 novembre 1837). Mais ces dispositions n'excluent pas d'une manière absolue le principe contenu dans les articles 1382 et 1383, dont elles ne sont qu'une
simple application, atténuée seulement par des motifs d'huma-
nité et d'équité. D'où il résulte que la responsabilité peut atteindre le notaire même dans des cas non spécifiés par la loi de
ventôse ou des lois spéciales.

Nos efforts devant tendre à prouver que la responsabilité des
notaires doit être sagement restreinte dans les limites légales,
ou tout au moins dans le cercle des devoirs particuliers et essentiels de la profession, à établir que les articles 1382 et 1383
ne sauraient être appliqués légalement à la responsabilité des
notaires (Pagès, p. 9) et à combattre sa jurisprudence lorsqu'elle
invoque ces articles comme une disposition légale directement
applicable (*id.*, p. 17), l'exposé de nos idées sera en même
temps la réfutation du système de la jurisprudence [1]. Nous

[1] Nous empruntons à M. Molineau, *Contraventions notariales*, pages 330
et suivantes, édition belge (Bruxelles, 1863), les deux citations suivantes en
faveur de notre théorie :

Rolland de Villargues, *Responsabilité des notaires*, nº 6, disait : « L'exercice
des fonctions publiques doit mettre celui qui en est revêtu à l'abri des
soupçons et des chicanes dont on peut être au contraire impunément pro-
digue envers de simples particuliers. Choisi dans une classe honorable et
éclairée, le notaire jouit, à ce titre, de la confiance du gouvernement qui lui
a départi des fonctions délicates et qui supposent toutes les qualités morales.
D'autre part la considération publique doit environner ces fonctionnaires ;

nous contenterons d'indiquer ici que tous les auteurs, même ceux qui, comme Éloy ou Dalloz, en soutiennent le principe,

et ne serait-ce pas compromettre l'institution elle-même que d'ouvrir la porte à des réclamations qui ne devraient pas se justifier par un véritable intérêt, par des causes graves ?..... Ainsi ce n'est point le principe général de la responsabilité des fautes tel qu'il est aujourd'hui consacré par les articles 1382 et 1383 du Code civil qui doit être appliqué aux omissions ou autres erreurs que commettent les notaires. Il faut donc pour eux que la faute soit *aggravée* par quelque circonstance qui la rende vraiment *inexcusable*. C'est, si l'on veut, un *droit spécial au notariat*, mais ce ne sont pas seulement les notaires que protégerait ainsi la jurisprudence ; les autres fonctionnaires publics, les magistrats, ne sont-ils pas plus qu'eux encore à l'abri des actions en responsabilité ? »

Pagès disait page 15 : « Si, dans l'exercice de leurs pénibles fonctions, les notaires n'avaient pas une sécurité réelle, s'ils pouvaient être assujettis à répondre de tous leurs actes, et de ces moments d'erreur ou d'oubli qui peuvent surprendre l'homme le plus attentif et le plus capable, l'institution serait désertée par les prudents et les sages, et abandonnée aux suffisants et aux téméraires. Que deviendrait d'ailleurs cette confiance si nécessaire au notariat, dans l'hypothèse d'une responsabilité générale et absolue ?.....

..... On a dit, pour justifier une jurisprudence rigoureuse, qu'il fallait mettre un terme à des négligences coupables, repousser l'impéritie et l'imprudence de ceux qui abordent sans crainte des fonctions difficiles et délicates, qu'ils ne sont pas à même de remplir. Rien de plus juste, et tel est aussi le vœu de la loi, en donnant aux parties un recours contre l'ignorance et l'infidélité des notaires ; mais on arrive à ce but en restant dans ses termes, et il n'est pas nécessaire de reculer indéfiniment les bornes de la responsabilité ; car on atteint alors non seulement l'homme ignorant et infidèle, mais encore le notaire le plus attentif et le plus prudent, dominé instantanément par une préoccupation majeure ou les difficultés d'un acte. Pour remédier plus sûrement aux inconvénients signalés, qu'on étende aussi loin qu'on le jugera convenable les conditions d'admission au notariat ; le besoin d'une extension aux conditions actuelles est assez généralement senti, et le notaire l'appelle lui-même de toutes ses forces. Mais que le notaire, une fois en possession de son titre, puisse envisager l'étendue de ses obligations, et se dire, marchant franchement dans les sentiers de la droiture et de l'honneur, qu'il sera à l'abri derrière sa bonne foi, qu'en un mot, il ne devra répondre que de sont unanimes à regretter les conséquences pratiques de l'application simultanée de la loi de ventôse et des articles 1382 et 1383 du Code civil. Les craintes qu'éprouvait déjà en 1843, après une longue carrière, un magistrat de la valeur du procureur général Dupin, n'étaient que trop justifiées, et depuis cette époque, malgré les timides regrets des auteurs, malgré les réclamations incessantes et fondées des notaires, la jurisprudence n'a pas cessé de suivre la voie d'arbitraire et de fausse équité, où elle s'était engagée, et que résumait très énergiquement en 1863, un des magistrats du ministère public, en ces quelques lignes : « Quant aux parties, les fonctions des notaires sont si multiples, si étendues, si diverses, qu'à tout instant peut se rencontrer une faute, une négligence, un acte d'impéritie, et comme résultat, un intérêt lésé, un dommage. La sanction doit donc toujours exister où le ministère est si fréquemment invoqué, et il faut que le notaire se sache tenu à une vigilance incessante, par cela même que les parties connaissent leur droit à une continuelle protection ». Éloy, p. 64. Conséquence immédiate : encouragées par la rigueur des tribunaux, les parties qui éprouvent un mécompte mettent immédiatement leur notaire en cause, avec la conviction qu'il doit être responsable de toutes les fautes et de toutes les erreurs commises, et la

son dol et de ces fautes grossières qu'il n'aura pu commettre sans intention coupable et qui n'admettent pas d'excuses ».

Cette doctrine a été constamment soutenue, dit encore notre auteur, par le *Journal des notaires et des avocats*, et si elle a contre elle Toullier, *Droit civil français*, III, 389 (édition Wahlen), elle est soutenue par Grenier, *Traité des donations et testaments*, qui enseigne au n° 232, que les notaires ne sont responsables que de leur dol ou fraude.

jurisprudence pratique de plus en plus l'oubli volontaire de cette vieille maxime, proclamée par l'expérience des siècles et insérée par Bacon, dans ses *Aphorismes*, n° 46 « *Optima lex quæ minimum relinquit arbitrio judicis, optimus judex qui minimum sibi* ». Selon M. Paul Pont, conseiller à la Cour de cassation, « pour quiconque voit et réfléchit, l'explication (de l'augmentation effrayante des procès en responsabilité) est en grande partie dans le succès de plus en plus facile que les actions en responsabilité ont obtenu devant les tribunaux. Il est certain, en effet, qu'à l'inverse de l'ancienne jurisprudence, dont la tendance nettement accusée était de restreindre la responsabilité notariale, la jurisprudence moderne, particulièrement dans ces derniers temps, a incessamment grossi le nombre des cas de responsabilité. Voici déjà une critique d'un magistrat, assez éminent, pour ne pas être suspect de partialité en faveur de la corporation, et qui reconnaît qu'il y a excès de sévérité de la part de la jurisprudence contemporaine. Un autre auteur, un professionnel cette fois, M. Amiaud, ancien président de la Chambre des notaires d'Angoulême, et aujourd'hui chef du bureau des notaires au Ministère de la justice, disait, pages 144 et suivantes, de ses *Études sur le notariat français* (1879) « On s'est surtout inquiété de la rigueur extrême avec laquelle les tribunaux punissent les moindres manquements et s'efforcent d'étendre les dispositions de la loi pour pouvoir condamner des notaires que la conduite la plus honorable, la circonspection la plus grande ne peuvent pas toujours préserver d'une imprévoyance ou d'un oubli ». Nous trouverons dans tout le cours de cette étude maintes occasions de déduire les conséquences d'un état de choses si fâcheux, et que M. Amiaud résume en ces termes : « C'est le régime du bon plaisir sans autre correctif que la conscience et les lumières du magistrat ». « L'arbitraire illimité n'est pas dans l'esprit de notre législation moderne ; elle tend au contraire à enchaîner le juge par des règles invariables. Pourquoi le législateur aurait-il consacré dans la loi de ventôse un arbitraire qu'il repousse partout ailleurs ? » Laurent, *Droit civil*, XX, 508.

Il est donc nécessaire d'opposer à ces articles 1382 et 1383, envahissants et absolus, la digue de principes sains et fermes qui doivent nécessairement se trouver dans la loi.

SECTION IV

DU VÉRITABLE PRINCIPE DE LA FAUTE NOTARIALE.

De ces prémisses il résulte que le notaire est un fonctionnaire public, qui, en cette seule qualité, doit être soumis à un degré de responsabilité autre que celui du commun des citoyens. Pour déterminer ce degré, il nous sera nécessaire, au préalable, de débarrasser cette entité, ce type « notaire-fonctionnaire public », des notions fausses qui l'obscurcissent dans beaucoup d'esprits, et ne sont pas étrangères aux nombreuses erreurs généralement admises sur notre sujet.

§ 1. Nombreux sont ceux qui voient dans le notaire le mandataire des parties auxquelles il prête son ministère. Le promoteur de cette idée est Troplong (*Mandat*, 217), qui pose comme

un principe incontestable que « les notaires sont des mandataires » ; la Cour de cassation l'a consacrée en apparence dans ses
arrêts des 27 janvier 1812 (Dalloz, *Répertoire*, v° *Notaire*,
n° 527) et 24 juin 1840 (*Journal du Palais*, 1840, 2, 126), et
nous la trouvons exposée en ces termes dans Dalloz, *Répertoire*,
v° *Responsabilité*, n° 463. « Quant à ce qui est compris dans la
fonction notariale proprement dite, bien qu'à cet égard le notaire apparaisse comme dépositaire de la puissance publique,
rien n'empêche de voir, dans l'application de ce pouvoir légal
aux affaires d'un client, l'objet d'un contrat (mandat ou promesse
de faire), servant de base à la responsabilité du notaire envers
ce client. Ainsi qu'on l'a déjà dit au *Répertoire*, n°ˢ 345 à 366,
les notaires sont responsables de leur faute comme mandataires,
soit qu'ils tiennent leur mission de la loi ou d'un mandat exprès.
Ils sont pour les devoirs à eux imposés, comme conséquence
de leur ministère, de véritables mandataires légaux des parties
qui les emploient. Ce mandat exprès ou tacite peut intervenir
(du moins vis-à-vis des clients) pour justifier les solutions de la
jurisprudence quant au degré de faute dont répond le notaire. »

Ce prétendu mandat professionnel tire son origine d'une confusion communément faite entre le mandat ordinaire, souvent
donné au notaire et auquel il est appelé à raison de ses connaissances spéciales, et les cas où le notaire agit comme représentant, comme mandataire, si l'on veut, de la société qui l'a
nommé pour la représenter. En effet, dans ces deux cas, les
parties se bornent à constater qu'elles s'adressent au notaire et
que celui-ci accomplit pour elles et dans leur intérêt un certain
acte ; elles ne vont pas plus loin, n'essaient pas de pénétrer

dans les coulisses juridiques, et c'est cette erreur, cette courte vue, qui, lorsqu'elles sont lésées, les fait agir immédiatement contre le notaire comme mandataire, sans s'occuper s'il s'est borné aux actes de son ministère social, auquel cas il n'y a pas mandat, ou s'il a agi en leur nom et en dehors de tout intérêt général. C'est ce que constate Laurent, XXVII, 333. « Dans le langage ordinaire, on dit que le notaire est le mandataire des parties quand il dresse acte de leurs conventions ; cela n'est pas exact, car le notaire ne représente pas les parties ; les parties figurent personnellement à l'acte et le notaire n'a pas même le droit de les y représenter ; il intervient pour dresser acte des conventions arrêtées par les parties et pour leur donner le caractère d'authenticité », et plus loin, n° 385 « s'il est vrai que le caractère essentiel du mandat soit la représentation du mandant par le mandataire, il est impossible que le notaire soit le mandataire des parties dans un acte où les parties comparaissent elles-mêmes. Qu'est-ce d'ailleurs qu'un acte notarié ? un écrit qui constate des déclarations des parties et auquel le notaire donne le caractère d'authenticité. Il n'y a là aucun caractère de mandat ; le notaire ne rédige pas l'acte au nom des parties, il le rédige en vertu de la loi qui l'investit de la mission d'imprimer l'authenticité aux actes qu'il reçoit, non seulement dans l'intérêt des parties contractantes, mais aussi dans l'intérêt des tiers et de la société tout entière. Voilà pourquoi l'acte ne fait pas uniquement foi entre les parties, il fait foi à l'égard des tiers ». Cette assimilation erronée du notaire à un mandataire a été combattue aussi par M. Pont, *Revue du notariat*, n° 181, *Responsabilité notariale ; Petits contrats,*

I, 853 ; et *Revue critique,* tome VII, p. 57 et suivantes.

D'ailleurs pour qualifier le notaire dans l'exercice de ses fonctions de mandataire des parties, il faut volontairement fermer les yeux sur toutes les différences si évidentes entre ces deux situations.

α. Le mandataire gère une affaire ou certaines affaires, ou toutes les affaires de son mandant, simple particulier (art. 1987, C. civ.). — Le notaire exerce une fonction publique (art. 1 de la loi du 25 ventôse an XI) et on peut dire qu'il gère les intérêts de la société.

β. Le mandat peut être donné par acte public ou par écrit sous seing privé, même par lettre ou verbalement (art. 1985, C. civ.). — Le notaire est nommé par le gouvernement (art. 45 de la loi de ventôse), qui lui confie par décret une parcelle du pouvoir exécutif.

γ. Le mandat est un contrat consensuel (art. 1984, C. civ.), et le mandataire a toute liberté d'accepter ou de refuser. — Une fois nommé, le notaire, devenu fonctionnaire public, est tenu de prêter son ministère lorsqu'il en est requis (art. 1 et 3 de la loi de ventôse).

δ. Tout individu peut être mandataire, même les femmes mariées et les mineurs émancipés (art. 1990, C. civ.). — La nomination des notaires est au contraire soumise aux règles détaillées dans les sections I et II du titre II de la loi du 25 ventôse an XI, et le nombre en est limité par l'article 31 de la même loi.

ε. L'acceptation du mandat peut être tacite (art. 1985, C. civ.). — L'acceptation des fonctions notariales résulte de la prestation de serment, formalité solennelle, expresse et obligatoire dans un délai de deux mois à peine de nullité de la nomination (art. 47 de la loi de ventôse).

ζ. Le mandat est gratuit, sauf convention contraire (art. 1986, C. civ.). — Le ministère du notaire est rétribué (art. 51 de la loi du 25 ventôse an XI; décret du 16 février 1807, chapitre VII, *Tarif civil;* Ordonnance du 10 octobre 1841, chapitre III, art. 4; Ordonnance du 4 janvier 1843, art. 2, § 3; Loi du 5 août 1881; Loi du 24 décembre 1897; Guillouard, *Mandat,* 12; P. Pont, *Petits contrats,* I, 886; *Répertoire encyclopédique du droit français,* v° *Mandat,* 35).

η. Le mandat est révocable (art. 2003 et 2004, C. civ.). — Les notaires sont institués à vie (art. 2 de la loi de ventôse).

θ. Le mandataire agit pour le mandant et en son absence (art. 1984, C. civ.). — La présence des parties elles-mêmes ou de leur fondé de procuration est indispensable pour les actes notariés (art. 13 et 14 de la loi du 25 ventôse an XI).

A ce simple relevé de textes qui serait déjà suffisant pour distinguer le notaire du mandataire des parties, nous pourrons encore ajouter que beaucoup de règles du mandat ne pourraient être appliquées aux notaires et nous ne nous figurons pas bien une classe particulière de mandataires en dehors des règles générales du mandat : tels sont les articles 1998, 2006 à 2011 du Code civil.

De plus, lorsque les parties ont des intérêts opposés, la loi exige que chacune soit représentée par un mandataire distinct (art. 838, C. civ., 933 et 968 du Code de procédure civile); or les parties ne recourent en général au ministère des notaires que lorsque et parce que leurs intérêts sont opposés, et que chacune tient à sauvegarder son patrimoine; il est donc manifestement impossible d'admettre, avec un arrêt de la cour de Paris du 4 décembre 1855, que le notaire est à la fois mandataire du vendeur et de l'acquéreur, ou avec un arrêt de la Cour de cassation du 2 janvier 1876, que le notaire est à la fois mandataire du prêteur et de l'emprunteur.

Mais la plus grande impossibilité résulte des articles 8 et 68 de la loi du 25 ventôse an XI; si le notaire était le mandataire des parties, il serait lui-même partie à l'acte, et cet acte serait nul. En effet la majorité des auteurs et de nombreux arrêts s'accordent à reconnaître que le notaire ne peut être partie dans les actes qu'il reçoit. En ce sens, Brillon, v° *Notaire,* n° 25; Loret, t. I, p. 208, et Rolland de Villargues, v° *Notaire,* n° 430, qui déclare que le notaire « ne peut jouer deux rôles à la fois, certifier la présence et les déclarations d'une partie, et être lui-même cette partie », ce qui serait évident quand même la loi ne l'aurait pas érigé en règle absolue. Toulouse, 31 juillet 1830 (S. 30. 2. 175); Rouen, 2 février 1829 (D. 30. 2. 154) [1]. Le notaire ne peut signifier des actes respectueux, s'il a été constitué mandataire à l'effet de les adresser aux père et mère. Douai, 8 janvier 1828 (D. 28. 2. 97); Amiens, 9 avril 1856 (D. 57. 2. 20); Cassation, 11 juillet 1859 (D. 59. 1. 401). D'a-

---

(1) Cet arrêt est ainsi conçu : « Il suffit que le notaire stipule dans un acte comme mandataire pour que cet acte perde son caractère d'authenticité; encore qu'il s'agisse d'un acte unilatéral et que les notaires soient dans l'usage abusif de recevoir des actes de cette nature en l'absence de la partie au profit de laquelle l'obligation est souscrite, et d'accepter en son nom ».

près l'article 7, section II, titre I de la loi des 29 septembre-6 octobre 1791 et l'article 21 des Résolutions sur le notariat du 1ᵉʳ floréal an VII, le notaire ne peut instrumenter dans les opérations où il représente des absents.

Il est bien évident, maintenant, que le notaire ne peut être le mandataire des parties, lorsqu'il ne sort pas des limites de ses fonctions publiques. Aussi, dans notre critique de la jurisprudence, ne nous étendrons-nous pas à nouveau sur une opinion qui, assimilant le notaire à un mandataire, même dans l'exercice de ses fonctions publiques, le ferait tomber sous le coup des articles 1382 et 1991 et suivants, ou comme gérant d'affaires, sous le coup des articles 1374 et 1382 du Code civil.

Pas plus qu'il n'est mandataire, le notaire n'est gérant d'affaires lorsqu'il est instrumente. L'impossibilité est encore plus radicale, car aux raisons précédemment données pour le mandat, il faut ajouter que la personne dont l'affaire est gérée ignore cette immixtion dans ses affaires personnelles, et que la gestion d'affaires suppose l'absence de l'intéressé, tandis que la réception d'un acte notarié exige sa présence et une réquisition émanée de lui. On ne comprend pas d'ailleurs que les notaires pussent dresser spontanément acte des conventions des parties sans en avoir été requis. Quel recours auraient-ils, surtout s'il s'agit de mineurs ?

Les règles du mandat et de la gestion d'affaires sont donc manifestement inapplicables aux notaires quand ils se renferment dans l'exercice strict de leur ministère professionnel.

Mais on ne pouvait laisser sans un semblant de base juridique l'état d'incohérence de la jurisprudence, et la nécessité de rattacher à un système unique des décisions qui ne concordent que par leur excessive rigueur devait faire germer l'idée d'une convention entre la partie et le notaire qui rédige l'acte. Dalloz, *Jurisprudence générale*, signale cette théorie comme soutenue par Laurent, XX, 507 et 508, et Sainctelette, *De la responsabilité et de la garantie*. Ces auteurs prétendent trouver dans l'exercice des fonctions notariales l'exécution d'une convention d'ailleurs mal définie, qui oblige le notaire à répondre de ses fautes dans les termes des articles 1137 ou 1992 du Code civil et non dans ceux des articles 1382 et 1383, qui supposent l'absence de convention. Voici en quels termes le prétendu contrat est présenté par Laurent : « On admet généralement et sans discuter la question, sans même la soulever, que la responsabilité des notaires comme tels résulte des articles 1382 et 1383. Nous avons enseigné l'opinion contraire pour les avoués et les huissiers, et à notre avis la responsabilité des notaires est aussi fondée sur l'inexécution de la convention qui intervient entre l'officier public et son client. Qu'il existe une convention entre la partie et le notaire qui rédige l'acte, cela ne saurait être nié : il y a concours du consentement, proposition faite par la partie, acceptation par le notaire, donc contrat. Par ce contrat le notaire s'oblige à rédiger l'acte avec les soins et la diligence qu'un fonctionnaire public doit apporter à l'accomplissement de ses devoirs, devoirs pour lesquels il reçoit des honoraires : il est mandataire salarié. Peut-être serait-il plus exact de dire que c'est une obligation de faire différente du mandat aussi bien que du louage de services. Mais peu importe en ce qui concerne notre question. Dès qu'il y a une convention entre le notaire et son client la responsabilité des articles 1382 et 1383 est inapplicable. Cela résulte du texte même de la loi. Aux termes de l'article 1370, les quasi-délits sont des engagements qui se forment sans qu'il intervienne aucune convention. C'est, en partie du moins, sur cette absence de convention qu'est fondée la responsabilité plus rigoureuse que la loi établit pour les quasi-délits : l'auteur du fait dommageable répond de la faute la plus légère, parce qu'il n'a pas dépendu de la partie lésée de sauvegarder ses intérêts par des stipulations qui ne se conçoivent même pas quand il s'agit d'un fait dommageable ; la partie lésée devient créancière malgré elle, comme l'auteur du fait dommageable devient débiteur, qu'il le veuille ou non. Ni le texte ni l'esprit de la loi ne reçoivent d'application à la responsabilité du notaire ; c'est la partie qui choisit le notaire ; elle peut, de commun accord avec le notaire, stipuler la responsabilité la plus sévère. Les parties sont dans la condition ordinaire de tous ceux qui contractent ; donc elles doivent être régies par le droit commun, à moins qu'il n'y soit dérogé par une loi spéciale. Dans cette opinion le notaire serait tenu de la faute légère *in abstracto*, en vertu de l'article 1137, en supposant qu'aucune loi spéciale ne déroge à la règle que le Code établit pour toutes les obligations conventionnelles ; il ne serait pas soumis à la responsabilité de la faute la plus légère que les articles 1382 et 1383 imposent aux auteurs des faits dommageables, à moins qu'il ne s'y fût soumis par convention. »

Cette théorie, œuvre d'un jurisconsulte éminent dont une longue pratique fortifie en général les conclusions, satisferait assez l'esprit si elle reposait sur une base juridique, car elle fournirait aux décisions judiciaires un appui suffisant.

Mais pour voir dans chaque acte d'exercice des fonctions notariales une proposition faite par la partie et une acceptation émanant du notaire, par suite un contrat (art. 1101 et 1108 du C. civ.), il faut oublier qu'aux termes de l'article 3 de la loi du 25 ventôse an XI, les notaires sont tenus de prêter leur ministère lorsqu'ils en sont requis. Cette obligation est sanctionnée par des peines disciplinaires auxquelles le notaire ne peut se soustraire qu'en justifiant son refus [1]. Or la menace de ces peines nous semble bien rentrer dans l'article 1112 du Code civil [2], et constituer un vice du consentement assez important pour que ce consentement n'existe pas valablement (art. 1109 du Code civil) [3].

D'autre part, comme on le verra au § suivant, il n'est pas exact de dire que la proposition est faite par le client et acceptée par le notaire ; nous croyons au contraire que le client ne fait qu'accepter l'offre faite d'une façon générale par le notaire et qui constitue un état permanent, qui résulte, lui, de la prestation de serment.

---

[1] Nous n'admettons pas dans ce cas de dommages-intérêts ; voir page 74.

[2] « Il y a violence, lorsqu'elle est de nature à faire impression sur une personne raisonnable, et qu'elle peut lui inspirer la crainte d'exposer sa personne ou sa fortune à un mal considérable et présent » (art. 1112 du Code civil).

[3] « Il n'y a point de consentement valable, si le consentement n'a été donné que par erreur, ou s'il a été extorqué par violence ou surpris par dol » (art. 1109 du Code civil).

Nous avons repoussé longuement l'hypothèse d'un mandat, et personne n'admet que l'exercice des fonctions notariales soit un cas de louage de services. Du système de Laurent nous ne conservons qu'une vérité : à savoir que les articles 1382 et 1383 ne sont pas applicables à la responsabilité notariale.

§ 2. Nous traitons de vérité cette affirmation que. les articles 1382 et 1383 du Code civil sont étrangers à la responsabilité du notaire quand il se renferme dans l'exercice strict des fonctions que la loi lui confère : en effet, si nous traduisons mot à mot ces articles, qu'y trouvons-nous? *Tout fait quelconque de l'homme*, c'est-à-dire les circonstances banales, les événements quotidiens et sans relief de la vie quelconque d'un individu sans profession déterminée, qui, par suite de ce vague et de cet indéfini de son existence, ne tomberait sous le coup d'aucun autre texte. Il s'agit d'un être ordinaire, commerçant, artisan ou rentier, pour lequel le législateur s'est borné à une règle générale, dont l'extension et la restriction seront l'œuvre du juge, et forcément dans cette règle générale faite pour un être humain quelconque, il est impossible de voir la situation spéciale, nette et précise, que la multiplicité des affaires et l'importance des intérêts qui leur sont confiés rendent nécessaire pour les fonctionnaires publics, représentants de la société. On pourrait comparer (qu'on nous passe ces expressions) les articles 1382 et 1383 à ces clichés flous, aux contours indécis, que présentent en projection d'habiles pseudo-spirites, et dans lesquels les gogos naïfs reconnaissent sans hésiter l'ombre d'un parent revenu un instant sur la terre, par la seule évocation d'un moderne Cagliostro; quel que soit le client, quel que soit l'ancêtre interrogé, c'est toujours le même cliché, et la reconnaissance a toujours lieu, à raison même du vague de l'épreuve et de la manière indécise dont nous nous représentons une ombre, personne n'en ayant jamais vu une, et à plus forte raison une déterminée. C'est bien le cas des articles 1382 et 1383 dont les termes généraux, sont susceptibles de s'appliquer à tout individu que rien ne distingue du *vulgum pecus*. Au contraire, de même qu'un bon photographe s'applique à ne livrer que des portraits ressemblants, aux contours précis, de même une bonne législation doit, pour chaque classe de fonctionnaires, établir un ensemble de règles précises, dont la connaissance une fois approfondie, indiquant à chacun ses devoirs, le préservera dans l'avenir de manquements dont il sera prévenu, et de recours auxquels toute son honnêteté, tout son zèle ne le soustrairaient pas sous une réglementation incertaine.

Nous avons critiqué la théorie d'un prétendu contrat intervenu entre la partie et le notaire qui rédige l'acte, tel que la présentait Laurent, parce que nous ne pouvions admettre son argumentation. Cependant nous en relevons le principe et nous nous en servons comme d'un point de départ précieux pour l'échafaudage d'un système que nous croyons absolument personnel.

Longtemps avant d'entreprendre cette étude, au cours de notre seconde année de licence, nous avions cru pouvoir appliquer aux notaires, sinon la lettre, du moins l'esprit de ce passage de Baudry-Lacantinerie, *Précis de droit civil*, 5ᵉ édition (1895), tome II, n° 797 *bis :* « Les négociants qui annoncent dans des circulaires, prospectus, affiches, etc. les prix et con-

ditions de leur négoce, sont dans un état permanent d'offres à
l'égard du public, tant qu'ils ne les ont pas retirées, de telle
sorte que la demande conforme à ces conditions constitue une
acceptation et forme dès qu'elle est parvenue à leur connaissance le lien de droit..... En cas de 'refus, il (le négociant)
devrait être condamné à des dommages-intérêts ». Nous raison-
nions ainsi :

Par le fait de sa prestation de serment, dont il fait part, par
une lettre-circulaire, aux principaux clients de l'étude, dont il
devient titulaire, et qui a lieu en audience publique, le notaire
s'engage à accomplir tous les actes de son ministère, tels que
la loi les détermine, et à se soumettre pour la fixation des honoraires au tarif adopté par la Chambre des notaires de l'arrondissement où il vient exercer.

Dès lors et jusqu'à sa démission (nous passons sous silence
les peines disciplinaires), le notaire est, vis-à-vis du public, dans
un état d'offres permanent, et on doit voir dans l'obligation, que
lui fait l'article 3 de la loi du 25 ventôse an XI, de prêter son
ministère lorsqu'il en est requis, une application de ce principe
général que celui qui fait une offre est tenu de l'exécuter vis-à-
vis de celui qui en accepte les conditions. Le notaire vis-à-vis
du client se trouve dans la situation normale de l'État vis-à-vis
du contribuable qui, en échange des impôts énormes dont il est
grevé, a droit à la justice, à la protection, et au bon fonctionne-
ment des services publics, toutes choses qui lui sont plus ou
moins accordées, tandis que les notaires sont bien rares qui ne
remplissent pas leurs devoirs. Ce principe est absolu, et son
application, comme le montre cette comparaison, s'étend à tous

ceux qui font une offre, sans être restreinte au monde commercial. Car il ne vient à l'idée de personne, encore moins à la nôtre, d'assimiler le notaire à un commerçant, pas plus que d'assimiler l'État à un épicier ou à un pharmacien.

Nous ne prétendons pas que cette théorie soit irréprochable; nous ne lui reconnaissons qu'un mérite, l'application de l'article 1137 au lieu des articles 1382 et 1383.

Mais on pourrait aussi soutenir que les obligations résultant à la charge des notaires de la responsabilité que la loi fait peser sur eux du chef de leurs fonctions sont des obligations résultant de l'autorité seule de la loi (article 1370 du Code civil), et en cette qualité tombent encore sous le coup du principe général de l'article 1137.

Si nous reprenons maintenant le passage de Laurent précité, il nous sera facile d'y reconnaître notre principe, et bien que le raisonnement de cet auteur diffère sensiblement du nôtre, les deux théories s'accordent pour repousser les articles 1382 et 1383, et *soumettre les notaires au principe aussi général de l'article* 1137 [1].

Pourquoi aller chercher l'article 1137? C'est que cet article renferme le droit commun en matière de faute. Il pose comme

[1] De l'effet des obligations, art. 1137 : « L'obligation de veiller à la conservation de la chose, soit que la convention n'ait pour objet que l'utilité d'une des parties, soit qu'elle ait pour objet leur utilité commune, soumet celui qui en est chargé à y apporter tous les soins d'un bon père de famille.

« Cette obligation est plus ou moins étendue relativement à certains contrats, dont les effets, à cet égard, sont expliqués sous les titres qui les concernent ».

principe que dans les obligations conventionnelles le débiteur répond de la faute que ne commettrait pas un bon père de famille, c'est-à-dire un propriétaire soigneux et diligent; c'est la faute que le droit romain appelait *culpa levis in abstracto*. Telle est la règle : la loi l'a formulée en termes absolus. Mais la partie finale de l'article 1137 annonce que ce degré de faute n'est pas uniformément applicable à tous les contrats; en effet le dépositaire est tenu d'une diligence moindre (art. 1927, C. civ.) tandis que la responsabilité du commodataire est aggravée par l'article 1882; cela tient à l'absence d'intérêt pour le premier, et à l'intérêt exclusif du second, car l'intérêt joue un grand rôle dans l'application de l'article 1137.

La faute dont parle l'article 1137 est la faute contractuelle, bien distincte de la faute délictuelle ou aquilienne de l'article 1382, relative aux obligations résultant d'un délit ou d'un quasi-délit. — « Mais, dit Baudry-Lacantinerie, *op. cit.*, n. 869, de quelle faute répondra le débiteur dans les obligations résultant d'un quasi-contrat ou de la loi? Lui appliquera-t-on les dispositions relatives à la faute contractuelle ou celles relatives à la faute aquilienne? Répondons sans hésiter : *les dispositions relatives à la faute contractuelle; on peut les considérer comme formant le droit commun en matière de faute.* Deux textes contiennent d'ailleurs cette solution : l'un pour les obligations résultant d'un quasi-contrat, l'autre pour les obligations résultant de la loi. Pour les obligations résultant d'un quasi-contrat, c'est l'article 1374 relatif à la gestion d'affaires, qui dispose : « Il (le gérant) est tenu d'apporter à la gestion de l'affaire tous les soins d'un bon père de famille. Néanmoins les circonstances qui l'ont conduit à se charger de l'affaire peuvent autoriser le juge à modérer les dommages-intérêts qui résulteraient des fautes ou de la négligence du gérant ». On ne voit aucun motif pour ne pas généraliser cette disposition et l'étendre à tous les quasi-contrats [1]... Pour les obligations résultant de la loi, nous avons l'article 450 qui dispose que le tuteur administrera en bon père de famille : c'est la même formule que l'article 1137, donc la même pensée ; par conséquent il faut appliquer au tuteur les principes de la faute contractuelle, et comme on ne verrait aucun motif pour que la même règle ne fût pas applicable à tous ceux qui sont tenus d'une obligation légale, il faut généraliser le principe de l'article 450 comme nous avons généralisé celui de l'article 1374 ».

Le degré de la faute dans les obligations conventionnelles est donc déterminé par l'article 1137 ; et si le Code civil n'a pas appliqué dans un texte formel aux obligations non conventionnelles le même principe, il ressort de nombreuses dispositions éparses (articles 450, 601, 804, 814, 1073) que l'article 1137 n'en est pas moins le maximum au-dessous duquel sont échelonnées les responsabilités spéciales résultant d'un quasi-contrat ou d'une obligation légale.

L'article 1137, base du système général des fautes, n'est qu'un maximum, et la faute légale ou quasi-contractuelle ne

---

[1] « Notons cependant une exception, en ce qui concerne l'héritier bénéficiaire, si l'on admet que son obligation résulte d'un quasi-contrat. Aux termes de l'article 804 « il n'est tenu que des fautes graves dans l'administration dont il est chargé ». C'est le seul texte où le législateur parle de la faute grave. » Cf. Baudry, t. II, p. 206.

saurait être tarifée au même taux que la faute contractuelle. En effet, celui qui s'oblige par un contrat en a débattu préalablement les clauses ; il connaît ses devoirs, et la responsabilité qui en découle. De plus ce contrat unique et bien déterminé, il lui est facile d'y songer, de s'en occuper avec plus de soin qu'à celui auquel ses facultés, divisées et absorbées par le renouvellement incessant des mille variétés d'une obligation générale, imposent une tension d'esprit que la nature humaine ne peut fournir à jet continu. Dès lors le second aura presque droit à une excuse, à une modération dans l'appréciation de sa faute qui ne seraient nullement justifiées pour le premier, toujours à même de s'appliquer, et avec plus d'attention, à l'exécution correcte des conventions précises et spéciales qui viennent rompre la monotonie de sa vie. Voici déjà un premier point établi : le degré de la faute sera moins élevé dans une obligation de carrière, que ce soit un quasi-contrat, ou une obligation de faire ou une obligation légale, que pour une convention particulière et déterminée.

Il nous semble trouver encore un argument en faveur de cette atténuation dans la fin de l'article 1137. « Cette obligation est plus ou moins étendue relativement à certains contrats, dont les effets à cet égard sont expliqués sous les titres qui les concernent ». N'y peut-on pas voir un renvoi à la loi de ventôse, qui limite la responsabilité propre aux fonctions notariales ?

De la spécialité de l'obligation contractuelle nous pouvons tirer un autre argument, justifié par l'article 1137. Celui-ci dit en effet : « soit que la convention n'ait pour objet que l'utilité d'une des parties, soit qu'elle ait pour objet leur utilité commune ». Aux yeux du législateur l'utilité doit donc être le taux, le coefficient de la responsabilité : nous en trouvons des exemples dans les articles 1927 et 1882 du Code civil applicables au dépositaire et au commodataire. Si nous faisons aux notaires application de ce tarif de droit commun, la conséquence directe et immédiate doit être une atténuation notable dans la fixation de leur responsabilité. En effet le notaire ne retire aucune utilité des actes qu'il passe. Les honoraires qui lui sont dûs pour chaque acte de son ministère, et que les tribunaux ne lui accordent qu'à regret, ne sont pas un profit, mais l'équivalent du traitement que l'Etat s'engage à fournir à chacun de ses fonctionnaires. Prenons, par exemple, un greffier de tribunal : l'Etat lui verse 1200 francs de traitement annuel, soit par mois 100 francs (tandis que le notaire ne reçoit de l'Etat rien directement). Il est certain que ce greffier, obligé à son tour de rétribuer ses commis, de subvenir à un certain train de maison, grevé peut-être des intérêts du prix de sa charge, et d'une partie de ce prix, désire que son tribunal rende beaucoup de jugements, et qu'il lui en soit demandé de nombreuses grosses et expéditions. Mais qui osera soutenir que ce greffier a un intérêt direct aux contestations soumises aux juges? Et cependant il subirait une perte si les produits du greffe venaient à baisser, de même qu'il bénéficierait de leur augmentation. C'est que le chiffre moyen de rapport annuel de son greffe était connu et certifié par l'État au moment où le candidat a traité; il était considéré à cette époque comme devant représenter le traitement du fonctionnaire, et l'État pouvait employer sans inconvénient ce mode de rétribution àléatoire : le greffier n'ira pas, en effet, inciter les particuliers à plaider ni à lui demander des grosses et expépéditions dont ils n'ont pas besoin. Il n'en est pas moins vrai que si le greffier n'a pas à ces actes un intérêt direct, il y est intéressé indirectement; mais il n'est pas question en cette matière de l'intérêt indirect, qui ne forme pas l'*objet* de la convention (art. 1137). De même pour le notaire; ses honoraires représentent un traitement dont l'État lui certifie le montant approximatif au jour du traité, et lui assure les éléments pour l'avenir, sans lui en assurer la totalité. C'est qu'en effet, pas plus l'État que le notaire ne peut obliger les particuliers à faire dresser acte de contrats de mariage, de ventes, de donations ou de testaments dont ils ne sentent pas la nécessité. Quand le client recourt au notaire, c'est qu'il lui est impossible de faire autrement, et dans son seul intérêt, pour la sauvegarde de ses droits personnels. Or peut-on dire que quand un notaire est chargé de rédiger un testament, une donation, une vente ou un contrat de mariage, même un prêt hypothécaire, la convention a pour objet son utilité? Certainement non; pas plus qu'un receveur de l'enregistrement ou un receveur des postes n'ont intérêt aux actes qu'enregistre le premier, aux mandats que délivre le second; l'intérêt du notaire est si indirect qu'il n'en saurait être tenu compte. D'ailleurs, dans les cas où le notaire est directement en cause dans l'acte, dans les cas où il y trouve un intérêt direct et personnel, les articles 8 et 68 de la loi du 25 ventôse an XI annulent l'acte ou la convention.

Le notaire n'étant pas directement intéressé à la convention survenue entre des individus dont il n'est en somme que le *porte-*

plume intelligent (arg. art. 1 de la loi de ventôse), sa responsabilité doit être moindre et constamment inférieure à celle de l'article 1137. C'est ce qui nous paraît ressortir du soin avec lequel la loi a limité les textes qui l'établissent et de l'absence de textes qui en élèvent le degré, tandis que le pouvoir d'appréciation le plus large est laissé aux juges en beaucoup d'articles, et d'une manière générale par l'article 68 de la loi du 25 ventôse an XI (arg. des mots *s'il y a lieu*), et que les articles 16 de la même loi et 68 du Code de commerce exigent, le premier une fraude, le second une collusion.

Ces développements sur l'article 1137 nous ont entraîné un peu loin; aussi devons-nous faire un retour en arrière pour montrer comment nous arrivons à substituer en matière de responsabilité notariale la responsabilité contractuelle de l'article 1137 à la responsabilité délictuelle de l'article 1382.

Nous avons admis au début de cette section que le notaire, dès son entrée en fonctions, se trouve vis-à-vis du client dans un état d'offres permanent ; dès lors, lorsqu'un client recourt à son ministère, c'est avec l'intention d'accepter les conditions déterminées par les usages et règlements notariaux que le notaire a tacitement adoptés par le fait de son établissement dans l'arrondissement (en tant naturellement que ces usages sont conformes à la loi). Il en résulte dès lors un quasi-contrat, une sorte de contrat innommé; c'est l'obligation de faire, à laquelle avait un instant songé Laurent dans le passage cité plus haut : « Peut-être serait-il plus exact de dire que c'est une obligation de faire différente du mandat tout autant que des louages de services ».

Si l'on repousse cette théorie d'une obligation de faire, on admettra bien celle d'une obligation légale, également soumise à l'article 1137.

Dans l'exécution de ce quasi-contrat (ou de cette obligation légale), la faute notariale se trouve régie par l'article 1137 et la responsabilité de ce fonctionnaire doit occuper un degré de cette échelle civile qui va de l'excuse absolue aux dommages-intérêts entraînés par la *culpa levis in abstracto*. Ce degré, Laurent l'annonce par ces mots : « Les parties doivent être régies par le droit commun, à moins qu'il n'y soit dérogé par une loi spéciale ». Ce degré, un législateur prévoyant devait le déterminer avec une exacte précision; car les fonctionnaires publics ne peuvent rester exposés à la perpétuelle menace d'un recours vexatoire de la part du public, au gré de ses caprices. Le notaire a besoin de la dignité et du respect qui seuls peuvent assurer à ses actes la force des décisions judiciaires; aussi est-il nécessaire de fermer la porte aux réclamations et aux procès qui ne se justifieraient pas par un véritable intérêt et une cause grave; sinon ce manque de protection, et la répression rigoureuse d'un oubli ou d'une erreur toujours possibles détourneraient de cette profession des hommes éclairés et sérieux, mais redoutant les conséquences de fautes que leur fortune ne leur permettrait pas de réparer, et l'exercice n'en serait plus abordé que par des téméraires, attirés par le gain et l'honorabilité de ces fonctions et dont la minime garantie serait insuffisante à indemniser les victimes de leur audacieuse incapacité. Les conditions d'admission établies par la loi sont une présomption grave que ces fonctionnaires publics apportent à l'accomplissement de leurs devoirs l'attention la plus grande avec le souci d'éviter les fautes et les erreurs. Mais la perfection n'est pas de ce monde, et on ne pouvait l'exiger d'hommes soumis à une tension d'esprit continuelle pour des affaires qui en somme ne sont pas les leurs. Aussi devait-il être suffisant de soumettre à la juridiction disciplinaire les fautes légères, qui ne portent que peu ou pas de préjudice aux particuliers et d'éviter ainsi d'incessants procès [1].

On peut dire aussi que pour éviter ces procès, et les discussions interminables sur la détermination de la « diligence d'un bon père de famille » appliquée à un fonctionnaire, la loi a voulu établir pour chaque ordre de dépositaires de pouvoirs publics

---

[1] Le *Traité de la Responsabilité des notaires*, d'Eloy, tome I, n° 5, page 8, nous fournit encore, bien malgré lui probablement, un argument pour établir la nécessité d'une réglementation précise des devoirs et par suite de la responsabilité des notaires : « Un fonctionnaire, un officier quelconque auquel la loi confie une mission, contracte le devoir de la remplir avec exactitude, avec attention, avec impartialité et avec vérité, de manière à ne porter atteinte et préjudice inconsidérément ou arbitrairement à autrui. Il importe peu que le dommage causé soit l'effet de la malice ou de l'impéritie, parce que le premier soin de tout homme qui accepte des fonctions est d'apprendre et de savoir les obligations qui lui sont imposées. « Ex ipso quod acceptat officium, videtur se assere sufficientem et peritum. Is qui profitetur autem proficisci quoque peritiam censetur ». Citons encore Introduction, page 7. « Il serait dès lors évident que la sollicitude ferait défaut à l'intérêt des particuliers, du Trésor et des officiers publics et ministériels ; les droits et devoirs étant incompris, le principe de la responsabilité serait méconnu, et l'on ne devrait pas s'étonner que les tribunaux intervinssent et que leurs décisions se montrassent plus rigoureuses par cela même que les manquements seraient plus rigoureux ou plus graves ». La réalisation de ces suppositions, aujourd'hui consommée, peut d'ailleurs être rattachée en partie au système proposé par Eloy, il y a 37 ans, pour l'empêcher; il n'a eu pour résultat que d'augmenter l'arbitraire de la jurisprudence.

un type du « fonctionnaire de moyenne valeur », auquel chacun devra être comparé pour l'appréciation et la fixation de sa faute et par suite de sa responsabilité : elle a rempli son devoir en traçant à chacun ses devoirs minutieusement ; à chacun aussi elle a fixé sa responsabilité.

Les juges trouveront la leur dans les articles 4 du Code civil, 505 et suivants du Code de procédure civile, 77, 112, 164, 370 et 415 du Code d'instruction criminelle.

Les greffiers, dont les fautes rejaillissent si loin, en pratique, par suite de l'autorité attachée à la chose jugée, se verront appliquer les articles 501 du Code civil, 244, 711, 853, 857 et 1031 du Code de procédure civile, 491 du Code de commerce, 112, 164, 370 du Code d'instruction criminelle, 12 de l'ordonnance du 24 mai 1854, § 9 du décret du 6 juillet 1810 et 27 du décret du 18 août 1810.

Les avoués se pénétreront des articles 107, 132, 191, 192, 293, 360 et 1031 du Code de procédure civile, et 501 du Code civil.

On cherchera la responsabilité des huissiers dans les articles 71, 132, 293, 609 et 1031 du Code de procédure civile, 176 du Code de commerce, 45 et 73 du décret du 14 juin 1813.

Les notaires ne pouvaient être oubliés ; leur responsabilité éclate nettement dans les articles 6, 8, 9, 10, 12, 14, 16, 18, 20, 23, 52, 64, 65, 66, 67 et surtout 68 de la loi du 25 ventôse an XI, 1397, 1597 et 2063 du Code civil, 1031 du Code de procédure civile, 68 et 176 du Code de commerce[1].

Et encore cette responsabilité telle qu'elle ressort des textes,

---

[1] Dans ces textes ne sont cités que ceux qui posent le principe d'une condamnation à des dommages-intérêts ; nous avons laissé de côté les amendes.

n'est qu'une limite en dessous de laquelle le juge pourra descendre à son gré ; car s'il ne peut être admis que le notaire objecte pour sa défense que telle est sa manière de procéder, qu'il a apporté à l'acte qui motive le recours tous les soins qu'il apporte ordinairement à ses propres affaires, il lui sera permis de rechercher dans les faits extérieurs de la cause des motifs de justification et d'excuse. Et le juge recherchera lui-même, en quelque sorte d'office, les circonstances qui diminuent la faute notariale, car si le notaire a intérêt à faire surgir les renseignements de nature à se disculper, le juge doit de son côté tenir compte de tout ce qu'il saura par lui-même, par les faits de la cause, et par l'examen du dossier. Et c'est la loi qui indique elle-même au juge qu'il ne doit pas examiner la faute en elle-même, d'une façon abstraite, mais en la rapprochant des faits et des circonstances, car elle ne prononce de dommages-intérêts que *s'il y a lieu* (art. 68 de la loi de ventôse), ou *si le cas y échoit* (art. 12, même loi) ou *suivant l'exigence des cas* (art. 1031 du Code de procédure civile, et art. 7 de la loi du 25 juin 1841). Nous consacrerons d'ailleurs une section spéciale à ce pouvoir d'appréciation, en traitant de l'action en responsabilité.

SECTION V

DIVERS CAS DE RESPONSABILITÉ PROCÉDANT DIRECTEMENT DES FONCTIONS NOTARIALES.

La loi, avons-nous dit, a minutieusement réglé les cas de responsabilité des notaires en tant que fonctionnaires publics, lorsqu'ils restent dans les limites qu'elle a tracées à leur ministère. Nous allons examiner ces textes, en commençant par les points qui ne nous paraissent pas devoir faire discussion.

1° « Chaque notaire, dit l'article 4 de la loi du 25 ventôse an XI, devra résider dans le lieu qui lui est fixé par le gouvernement ». S'il n'y réside pas, il est certain que ses confrères lésés pourront lui demander la réparation du préjudice à eux causé. Les tribunaux ont eu souvent à juger ces infractions. En ce sens, Grenoble, 24 février 1875 (D. 76. 2. 114); Chambéry, 4 mai 1876 (S. 78. 2. 178); Cassation, 11 janvier 1841 (S. 41. 1. 112), 8 mars 1864 (D. 64. 1. 384), et 1er avril 1868 (D. 68. 1. 431); Bordeaux, 13 mai 1872 (D. 72. 2. 238). De plus, aux termes du même article, le notaire par le seul fait de l'infraction est considéré comme démissionnaire; mais le ministre ayant sur ce point un pouvoir discrétionnaire, il se peut . que le notaire ne soit frappé que d'une peine disciplinaire, à la requête du ministre ou du ministère public. Caen, 6 décembre 1858 (S. 59. 2. 241); Cassation, 22 août 1860 (D. 61. 1. 59) et 1er avril 1868 (D. 68. 1. 42).

2° La défense que l'article 6 de la loi de ventôse fait aux notaires d'instrumenter dans le lieu de la résidence d'un confrère sans être requis préalablement par les parties ou commis par le tribunal donne lieu, lorsqu'elle est violée, à une responsabilité civile envers les notaires lésés par cette concurrence illicite (art. 68 de la loi de ventôse). Il est généralement admis que quelques faits isolés ne suffiraient pas à donner lieu à une action, il faudrait une habitude. Toulouse, 14 juin 1858; Bordeaux, 26 novembre 1859; Pau, 4 février 1862; Paris, 17 mars 1862.

« Dans une consultation délibérée par MM. Delacroix, Dupin et Bainvillers, ces savants jurisconsultes, dit le *Dictionnaire du Notariat, Supplément*, v° *Résidence des notaires*, n°s 61-65, ont soutenu le droit pour les notaires ruraux de se rendre, les jours de foire et de marché et les dimanches, au chef-lieu de canton pour y recevoir des actes à bureau ouvert. Nous considérons que cette opinion ne saurait être prise pour règle de conduite. Sans doute les notaires des résidences rurales sont obligés de venir au chef-lieu de canton pour l'enregistrement de leurs actes ; sans doute aussi leur clientèle, se rendant aux foires et marchés, trouve plus commode d'y donner rendez-vous au notaire qui évite ainsi aux parties des déplacements onéreux. Nous sommes peu sensibles à ces objections. De pareilles pratiques sont contraires à la dignité et aux devoirs de l'officier public. La jurisprudence se prononce de plus en plus en ce sens. Caen, 23 juin 1858 ; Cassation, 30 mai 1859 (1) ; Aix, 21 février 1860 et 21 mai 1861 ; Pau, 28 avril 1861 ; Caen, 28 mai 1861 ; Paris, 14 mai 1864 ; Cassation, 1er avril 1868 ; Bordeaux, 13 mai 1872 (D. 73. 2. 63) ; Grenoble, 24 févr. 1875 (D. 76. 2. 114) ; Chambéry, 4 mars 1878 (D. 79. 5. 287) ; Éloy, *Traité de la responsabilité des notaires*, tome I, n°s 226-227 ; Lefebvre, *Discipline notariale*, n° 428 ; Rutgeerts et Amiaud, n° 238 ; lettre du procureur de Nontron aux chambres de discipline du ressort (1859) ». Cette question doit être considérée comme définitivement tranchée par un arrêt de la Cour de

(1) L'arrêt très important de la Cour de cassation du 30 mai 1859 est rapporté dans Dalloz (59. 1. 269), ainsi que celui de Caen du 28 mai 1861 (62. 2.47).

cassation, du 10 mai 1898 (*Droit*, 18 sept. 1898 ; *Moniteur de Lyon*, 29 septembre 1898), qui déclare : « Il est en principe interdit aux notaires de se transporter périodiquement le jour du marché dans une localité voisine, située dans le même canton, où se trouve l'étude d'un de leurs collègues pour y recevoir des actes. Mais les juges du fond peuvent, par appréciation des faits et circonstances, déclarer qu'à raison de leur petit nombre, ces transports n'ont eu rien d'abusif, et n'ont constitué que l'exercice régulier du droit que la loi de ventôse an XI reconnaît à chaque notaire d'instrumenter dans toute l'étendue du canton de sa résidence ». Pagès, p. 225 et Vergé, n° 126, reconnaissaient également qu'il n'y a pas lieu à dommages-intérêts lorsque le notaire, sur la réquisition des parties, a instrumenté hors de sa résidence, mais dans son ressort.

3° Le notaire est responsable de la nullité d'un acte par lui reçu, et dans lequel ses parents ou alliés au degré prohibé sont parties, ou qui renferme quelque disposition en leur faveur (articles 8 et 68 de la loi de ventôse). En ce sens, Bourges, 8 décembre 1863, sous Cassation, 4 août 1864 (D. 64. 1. 438, S. 64. 1. 401).

4° Il en est de même, si un acte n'est pas reçu par deux notaires, ou un notaire assisté de deux témoins (art. 9 et 68, *ibid.*). Lyon, 6 août 1857 (S. 58. 2. 485) ; Bourges, 29 mars 1859 (S. 60. 2. 132).

4° *bis*. Il y a eu discussion au sujet de la capacité des témoins ; aux termes de l'article 9, les témoins doivent être citoyens français, majeurs, et jouir de leurs droits civiques, savoir signer, résider dans la commune où l'acte est passé, et aux termes de l'article 10, ils doivent n'être ni parents, ni alliés, ni au service du notaire ou des parties. D'après un arrêt de la Cour de cassation, 4 mai 1875 (D. 75. 1. 382), le notaire doit s'assurer autant que possible de la capacité des témoins. La loi de ventôse attire suffisamment son attention sur chacune des conditions requises ; aussi le notaire qui connaît l'incapacité des témoins et les accepte quand même doit être responsable de la faute qu'il commet ; son devoir en ce cas est de prévenir les parties de cette cause de nullité, et de refuser de recevoir l'acte. C'est ainsi qu'un notaire a été déclaré responsable :

— lorsque dans un contrat de mariage il s'est contenté comme témoins des deux parents qui assistent les parties contractantes. Colmar, 16 mars 1814 (S. 14. 2. 5).

— lorsqu'il accepte pour témoins d'un testament un parent du testateur, bien que cette qualité ait été révélée lors de la rédaction de l'acte ; peu importe que le témoin ait été choisi par le testateur. Riom, 8 juin 1844 (D. 45. 2. 28).

— lorsqu'il accepte comme témoin une personne qui de notoriété publique est étrangère. Cassation, 4 mars 1875 (D. 75. 1. 382).

La déclaration faite par les témoins qu'ils remplissent les conditions légales ou par les parties qu'elles ont elles-mêmes choisi les témoins ne suffirait pas à décharger le notaire. Cassation, 4 mai 1875, précité ; à plus forte raison quand c'est le notaire qui choisit les témoins.

Mais s'il ignore l'incapacité des témoins qui lui sont présentés par les parties, doit-il être rendu responsable de la nullité ?

Un premier système repousse toute responsabilité, pour cette raison que les parties, choisissant elles-mêmes leurs témoins, doivent s'assurer qu'ils remplissent les conditions légales ; le notaire serait couvert par la présentation qui lui est faite de ces témoins. Ce système soutenu surtout en matière de testaments se justifie encore par ceci que le testateur a intérêt à ce que sa volonté ne soit pas connue. En ce sens, Toulouse, 23 janvier 1838, sous Cassation 7 juillet 1847 (D. 47. 1. 177) ; Douai, 12 juillet 1838 (S. 39. 2. 256), et Nîmes, 13 novembre 1856 (S. 57. 2. 415).

Nous nous rapprochons plus volontiers de la seconde opinion, fondée uniquement sur le texte de la loi. Les articles 9 et 10 ont voulu que les actes notariés soient reçus par deux notaires, ou par un notaire et deux témoins ; et la loi devait exiger de ces témoins certaines conditions de capacité pour donner à leur présence une utilité. C'est au notaire à faire le nécessaire pour que les conditions de la loi soient remplies ; sans l'obliger à refuser les témoins présentés par les parties lorsqu'il n'y a pas de motifs apparents de les exclure, on peut cependant lui demander de faire connaître aux parties et aux témoins les exigences de la loi et d'interpeller les parties sur les diverses conditions requises. Toulouse, 23 juillet 1838, précité ; Douai, 9 novembre 1846 (D. 47. 2. 178) ; Cassation 7 juillet 1847 (D. 47. 1. 268 et S. 47. 1. 577) et 5 février 1872 (D. 72. 1. 225) [1] ; Lyon, 3 janvier

(1) Nous ne saurions mieux faire que de reproduire ici la conclusion d'un article publié dans la *Revue du Notariat* d'avril 1872, au sujet de cet arrêt de la Cour de cassation, par M. le conseiller Rau :

« La jurisprudence sur la matière peut se résumer dans les propositions suivantes :

« L'article 68 de la loi du 25 ventôse an XI ne règle pas d'une ma-

1842 (D. 42. 2. 133); Nîmes, 7 novembre 1848 (D. 49. 2. 18);
Douai, 2 juillet 1851 (D. 53. 2. 126) ; Dijon, 1er avril 1874 (D. 75,
2. 84).

nière spéciale et limitative la responsabilité des notaires en cas d'annulation
pour vice de forme des actes de leur ministère ; la disposition qu'il contient
n'est qu'une application du principe général des articles 1382 et 1383 du
Code civil ;

« Les notaires sont tenus de veiller à l'observation des formalités et conditions requises pour la validité de leurs actes et en particulier de s'informer
de la capacité et de l'idonéité des témoins, soit qu'ils les choisissent eux-
mêmes ou que ceux-ci leur soient présentés par les parties ou par le testateur ;

« Ils doivent, notamment, avoir soin, pour la rédaction des testaments,
d'expliquer au testateur et aux témoins la disposition de l'article 975 du Code
civil, qui défend de prendre pour témoins des parents ou alliés, jusqu'au
quatrième degré inclusivement, du testateur ou des légataires, et de s'assurer, au moyen d'une interpellation formelle, que cette cause d'incapacité
n'existe dans la personne d'aucun des témoins ;

« Le notaire qui a négligé de prendre cette précaution nécessaire, ou, ce
qui revient au même, qui ne prouve pas qu'il l'ait employée, peut être déclaré responsable de l'annulation du testament qu'il a reçu, comme ayant
commis une négligence ou une imprudence dans l'exercice de son ministère ;

« Enfin il appartient aux tribunaux de décider souverainement si, eu
égard à la condition du testateur et des témoins, l'urgence plus ou moins
grande, sous le coup de laquelle il a dû procéder, et à l'ensemble des circonstances, le notaire s'est rendu coupable d'une négligence ou d'une imprudence assez grave pour le rendre passible de dommages-intérêts ;

« La jurisprudence, ainsi précisée et entendue, ne semble pas devoir rencontrer de contradiction sérieuse. Toutefois, même ramenée à ces termes,
elle serait grave pour le notariat, et de nature à l'inquiéter vivement s'il
n'existait pour le notaire, appelé à recevoir un testament dans un lieu éloigné
de sa résidence, ou dans un cas d'extrême urgence, aucun moyen de se
prémunir contre la périlleuse éventualité d'avoir à justifier un jour de l'emploi des précautions qu'il aurait dû prendre pour s'assurer de l'idonéité des
témoins. Mais il n'en est point ainsi. Le notaire peut, après avoir inter-

Et si le notaire a fourni ces explications, et que les parties aient déclaré remplir les conditions légales, le notaire ne peut être poursuivi si le testament est annulé pour parenté d'un témoin avec le testateur : Douai, 9 novembre 1846, précité; Chambéry, 8 février 1875 (D. 75. 2. 84); ou pour extranéité d'un témoin : Metz, 23 mars 1852 (D. 54. 2. 216) et Colmar, 26 décembre 1860 (S. 61. 2. 265).

5° Le notaire est responsable si un acte n'indique pas les noms des témoins instrumentaires, leur demeure, le lieu, l'année et le jour où il est passé (art. 12 de la loi du 25 ventôse an XI). Il a été jugé en ce sens dans les espèces suivantes :

— Omission de la date d'un testament : Rouen, 24 juillet 1828 (D. 29. 2. 191); Paris, 2 janvier 1883 (*Gaz. Pal.*, 83. 1. 299); Rouen, 31 mars 1886, sous Cassation, 24 décembre

pellé le testateur et les personnes appelées comme témoins, sur le point de savoir si aucune de ces personnes n'est parente ou alliée, jusqu'au quatrième degré inclusivement, du testateur ou d'un des légataires, insérer dans l'acte une mention constatant l'interpellation faite en ces termes et les réponses négatives qui y ont été faites. Cette mention n'aura pas pour effet, nous le reconnaissons, de sauver le testament de la nullité dont il se trouverait de fait entaché, ni même de mettre le notaire à l'abri du reproche d'avoir accepté avec trop de facilité ou de complaisance, les déclarations dont il s'est contenté; mais corroborée comme elle le sera par les signatures du testateur et des témoins apposées après la lecture entière du testament, elle constatera toujours le fait matériel de l'interpellation et des réponses dont elle a été suivie, et ne permettra aux légataires de recourir en dommages-intérêts contre le notaire qu'à la condition de prouver qu'il connaissait la cause d'incapacité existant dans la personne d'un des témoins, ou tout au moins, qu'il a commis une grave imprudence en se contentant des assurances qui lui étaient données, et dont il lui eût été possible de vérifier l'exactitude.

« On ne saurait donc trop recommander aux notaires l'emploi de cette mesure de précaution ».

1888 (D. 89. 1. 165) ; Trib. Melun, 11 janvier 1883 (*Gaz. Pal.*, 83. 2. 1, 4° partie); — Indication dans un contrat de mariage d'une date postérieure au mariage : Lyon, 6 août 1857 (S. 58. 2. 485); — Désignation incomplète ou inexacte des témoins : Angers, 23 mars 1876; mais le notaire n'est pas responsable de l'erreur commise dans l'orthographe d'un nom, s'il a copié un modèle donné par les parties : Riom, 8 décembre 1846 (D. 47. 2. 56).

6° Si les actes ne sont pas signés par les parties, les témoins et les notaires, à moins que le notaire n'ait eu de justes motifs de refuser sa signature (défaut de consignation de frais d'acte, Gand, 9 décembre 1882 ; Rutgeerts et Amiaud, II, 325). S'il n'en est pas fait mention à la fin de l'acte, ou si les parties ne sachant ou ne pouvant signer, leurs déclarations ne sont pas mentionnées à la fin de l'acte (art. 14 et 68 de la loi de ventôse). — Cassation, 19 août 1845 (D. 45. 1. 378), 16 mars 1886 (*Gaz. Pal.*, 86. 2. 723), et 14 avril 1886 (S. 86. 1. 466); Paris, 25 mai 1826 (D. 27. 2. 114); et Pau, 5 février 1866 (S. 66. 2. 194).

7° S'il existe des surcharges, interlignes ou additions dans le corps de l'acte (art. 16), à condition qu'il y ait fraude ;

8° Si les notaires ne tiennent pas exposé dans leurs études le tableau des interdits et des personnes assistées d'un conseil judiciaire (art. 18) ;

9° S'ils ne gardent pas minute de tous les actes qu'ils reçoivent, sauf exception pour certains actes spéciaux que la loi autorise à délivrer en brevet (art. 20 et 68) : Colmar, 11 décembre 1861 (D. 62. 2. 42);

10° S'ils se sont dessaisis d'une minute hors des cas prévus par la loi, et sans l'existence d'un jugement (art. 22), mais seulement dans le cas où cette minute viendrait à être égarée ; cette responsabilité dérive plutôt du dépôt (art. 1927, C. civ.) que de l'article 22. Il en serait de même, si par leur faute, les minutes venaient à se perdre, s'altérer ou se détériorer : Angers, 23 juin 1847 (D. 47. 2. 137). Cette responsabilité s'étend aux pièces annexées aux minutes : Colmar, 17 décembre 1861 (D. 62. 2. 42).

Le notaire est également responsable des minutes de son prédécesseur, sauf à faire retomber cette responsabilité sur le prédécesseur, en cas d'absence d'état sommaire lors de la transmission de l'office (art. 57 et 58 de la loi de ventôse) : Angers, 23 juin 1847, précité, et Douai, 23 novembre 1874.

11° Si un notaire a sans ordonnance du président du tribunal, délivré expédition ou donné communication d'un acte à d'autres qu'aux intéressés en nom direct, héritiers ou ayants-droit (art. 23 de la loi de ventôse) : Paris, 29 avril 1864 (S. 64. 2. 68); Trib. Grenoble, 28 janvier 1888 (*Recueil de Grenoble*, 1888, 79).

Nous aurons bientôt l'occasion de critiquer longuement l'invention d'un mandat légal d'éclairer les parties. Qu'on nous permette ici de demander comment on peut concilier cette prétendue obligation pour le notaire de révéler ce qu'il sait de la situation antérieure des parties, en raison des actes qu'il a reçus lui-même, tant avec le secret professionnel qu'avec l'article 23 de la loi du 25 ventôse an XI, qui lui interdit de donner connaissance des actes à d'autres qu'aux parties intéressées en nom direct, héritiers ou ayants-droit, à peine de dommages-intérêts, d'une amende de 100 francs, et, en cas de récidive, d'une suspension de trois mois.

Révéler à un futur acquéreur, par exemple, l'acte d'emprunt que son futur vendeur a autrefois contracté, c'est bien lui donner connaissance d'un acte auquel il n'est pas intéressé en nom direct, qu'il ne lui importe pas de connaître comme héritier ou ayant-droit. S'il devient intéressé direct ou ayant-droit, ce ne peut être qu'après avoir passé l'acte de vente; or, c'est précisément avant de réaliser cet acte qu'il lui importe de connaître les renseignements qui seraient peut-être de nature à empêcher l'opération; et c'est en procédant à la réception de l'acte sans avoir parlé, que le notaire commettrait une faute, si faute il y a.

Pourquoi le notaire ne révèle-t-il pas l'existence du prêt? D'abord, et cela pourrait suffire, parce que l'article 23 de la loi du 25 ventôse an XI le lui interdit par une disposition formelle sanctionnée par une peine qui peut être grave. D'ailleurs, pourquoi le notaire parlerait-il? A-t-il mission de jeter le discrédit sur le vendeur, de suspecter sa probité sans motif? Sait-il si la situation antérieure qu'il a connue existe encore, si elle n'a pas été modifiée, régularisée? Sait-il par exemple si la créance résultant de l'emprunt contracté par acte de son ministère n'a pas été remboursée? Car rien n'oblige le débiteur à faire le paiement chez le notaire qui a reçu le prêt. Sait-il si le vendeur ne se propose pas de rembourser au moyen du prix? Et où trouve-t-on la preuve de ce rôle confié au notaire?

Sans doute, il importe au futur acquéreur de connaître la

situation du bien qu'il achète. Mais c'est ce dont la loi elle-même, qui interdit au notaire de parler, ménage les moyens les plus complets : conservation des hypothèques, état-civil, greffes, etc. L'acquéreur y recourra lui-même, à moins qu'il ne confère à ce point de vue au notaire un mandat spécial dont il devra fournir la preuve. Et chose remarquable, lorsque le notaire a reçu du futur acquéreur semblable mandat, il n'agit pas de ce chef comme fonctionnaire public, et ne peut dans l'exécution de ce mandat révéler ce qu'il sait de lui-même. Il faudrait pour cela que le futur vendeur l'autorisât à parler, ou l'obligeât à fournir au futur acquéreur toutes sûretés de droit et de fait.

On n'a pas craint cependant de rendre tous les jours les notaires responsables dans ces conditions, pour n'avoir pas enfreint une loi prohibitive formelle, sanctionnée par une peine qui peut être grave !

12° En vertu du même article **23**, le notaire répondra encore du refus de communication des minutes ou du refus d'expédition aux parties intéressées, ou aux personnes autorisées par le président du tribunal. Paris, 12 février 1833 (D. 33. 2. 199), à moins que ce refus ne soit fondé sur ce que les frais de l'acte sont encore dûs. Paris, 23 octobre 1834, et 27 novembre 1834 (S. 34. 2. 649 et 687) ; décret du 25 novembre 1844; trib. Vouziers, 14 mai 1886. Mais ils ne sont pas tenus de donner expédition d'un acte annulé comme frauduleux. Cassation, 15 mars 1836 (D. 36. 1. 96);

13° Le notaire sera responsable, si, malgré sa suspension, sa substitution, ou son remplacement, il continue à exercer après la notification à lui faite de ces événements (art. 52 et 68 de la loi de ventôse);

14° S'il délivre des grosses ou expéditions d'un contrat de mariage sans transcrire à la suite les changements ou contre-lettres (art. 1397, C. civ.);

15° S'il ne transmet pas au greffe du tribunal de commerce l'extrait du contrat de mariage d'un commerçant; il faut que cette omission soit le résultat d'une collusion (art. 68, C. comm.);

16° S'il ne s'est pas conformé aux règles du mandat dans les cas des articles 113 du Code civil, 928, 931, 942 du Code de procédure civile;

17° Si, contrevenant à la loi du 28 juin 1841, le notaire procède à la vente publique en détail de marchandises neuves;

18° Par application de l'article 1031 du Code de procédure civile, le notaire sera responsable de tout acte nul, frustratoire ou donnant lieu à une condamnation d'amende [1]. Bien qu'il y ait controverse sur l'assimilation absolue des notaires avec les officiers ministériels, il est universellement admis que l'article 1031 est applicable à ces fonctionnaires publics. Si l'article 68 de la loi du 25 ventôse an XI semble restreindre leur responsabilité, l'article 1031 la généralise.

Ce principe général a pour résultat de rendre le notaire responsable :

---

[1] Art. 1031 : « Les procédures et actes nuls ou frustratoires, et les actes qui auront donné lieu à une condamnation d'amende, seront à la charge des officiers ministériels qui les auront faits, lesquels, suivant l'exigence des cas, seront en outre passibles des dommages-intérêts des parties, et pourront même être suspendus de leurs fonctions. »

1° S'il ne s'est pas conformé aux prescriptions de l'article 11 de la loi de ventôse, en n'exigeant pas l'intervention des témoins-certificateurs de l'identité des parties. Sur ce point, nombreux arrêts : Cassation, 29 décembre 1828 (D. 29. 1. 63); 17 mars 1828 (D. 28. 1. 177); Montpellier, 1ᵉʳ juillet 1829 (D. 30. 2. 68); Riom, 11 janvier 1859 (D. 59. 2. 32); Cassation, 18 novembre 1885 (D. 86. 1. 398); Aix, 5 février 1887; Cassation, 9 août 1843 (D. 43. 1. 458).

L'omission des moyens prescrits par l'article 11 de la loi de ventôse pour s'assurer de l'identité des parties est pour le notaire, même de bonne foi, une source de responsabilité, soit envers le client qui, trompé par une supposition de personnes, souffre de la nullité de l'acte auquel il a comparu, soit envers les tiers qui ont agi sur la foi de cet acte (Cassation, 18 novembre 1885, précité), ou en fraude desquels il a été fait (Amiens, 9 janvier 1890, D. 91. 2. 7), soit envers celui dont le nom a été abusivement employé, et qui a dû avancer les frais de l'action en nullité (Riom, 4 janvier 1859, précité), ou dont les droits ont été compromis par cet usage (Trib. Orthez, 18 janvier 1893, *Revue du notariat*, 9101). Il en serait de même en cas de désignation incomplète ou erronée d'une partie ou d'un témoin (art. 13 de la loi de ventôse). Rennes, 18 décembre 1866.

2° Si un renvoi n'est pas paraphé ou approuvé, comme le veut l'article 15 à peine de nullité du renvoi. Riom, 18 juillet 1820 (D. 23. 1. 43).

Il en serait de même au cas où un acte serait nul ou frustratoire, par suite de l'inobservation de l'article 13 de la loi de ventôse, relatif aux abréviations, blancs, lacunes, intervalles, sommes et dates en toutes lettres, annexes de procurations et lecture de l'acte aux parties.

3° Si des actes sont nuls ou frustratoires pour vices de formes, ce qui arrive fréquemment pour les donations et les testaments (art. 893 et suivants du Code civil). Aux arrêts cités n° 4 *bis* (témoins), on peut ajouter en ce sens : Nîmes, 29 avril 1863 (D. 65. 2. 15); Bordeaux, 8 mai 1860 (D. 60. 2. 169); Dijon, 18 février 1872 (D. 72. 1. 213); Trib. Melun, 11 janvier 1883 ; Paris, 2 janvier 1883 (D. 85. 1. 345); Rouen, 31 mars 1886 (D. 87. 2. 228); Cassation, 24 décembre 1888 (D. 89. 1. 165).

4° S'il ne rédige pas à la suite d'un contrat de mariage les changements et contre-lettres (art. 1397 du Code civil, combiné avec l'art. 1031 du Code de procédure).

5° S'il ne s'est pas conformé aux prescriptions de l'article 2 de la loi du 21 juin 1843 sur la forme des actes notariés.

6) S'il reçoit des actes annulés en vertu des articles 271, 1097, 1167 et 1555 du Code civil, et qu'il soit en faute. Lyon, 8 février 1867 (D. 67. 2. 154) (violation de l'art. 945 du Code civil); Cassation, 17 août 1869 (D. 74. 5. 353) (violation de l'art. 1660 du Code civil) et T. Nevers, 24 juin 1883 (*Gaz. Pal.*, 89. 2. 470).

A plus forte raison si c'est le notaire qui a conseillé à son client de faire cet acte nul. Cassation, 28 novembre 1843 (D. 44. 1. 5).

7° Il y aurait encore responsabilité dans le cas d'une constitution d'hypothèque qui n'indiquerait pas la situation des biens offerts (arg. art. 2148, C. civ.), ou de la nullité d'une inscription hypothécaire causée par son erreur ou sa faute. Nîmes, 5 février et 27 juin 1849 (D. 50. 2. 266 et 267); Paris, 26 janvier 1872 (D. 72. 2. 121) et Cassation, 25 novembre 1872 (D. 73. 1. 134); Cassation, 24 mai 1886 (D. 87. 1. 222).

8° Il en serait de même encore au cas de faux ou d'actes frauduleux destinés à tromper les tiers ou à leur nuire. Cassation, 15 juillet 1872 (D. 73. 1. 87); 5 mai 1874 (D. 75. 1. 20); 14 janvier 1889 (S. 89. 1. 216); Dijon, 28 mars 1876 (D. 78. 2. 261); Paris, 5 août 1887 (*Gaz. Trib.*, 16 août 1887); Amiens, 9 janvier 1890 (D. 91. 2. 7).

D'une façon générale, le notaire doit donc être déclaré responsable des actes reçus par lui et frappés postérieurement de nullité. Il en serait de même, avons-nous dit avec l'article 1031, au cas d'actes frustratoires ou entraînant une condamnation d'amende.

Si dans la seconde catégorie nous ne voyons que les articles 16 et 23 de la loi de ventôse, dont nous avons déjà parlé, nous pouvons indiquer pour la première :

— un certificat de propriété ne répondant pas à la réalité : Cassation, 14 novembre 1866 (D. 67. 1. 35);

— des actes inutiles ou illusoires : Cassation, 20 janvier 1869 (D. 69. 1. 411); Agen, 28 novembre 1887; Trib. Lyon, 11 décembre 1886.

Ce sont surtout des questions de fait dans l'examen desquelles l'appréciation des circonstances doit jouer un grand rôle.

Tels sont les cas, et les seuls cas, dans lesquels un texte formel autorise les tribunaux à déclarer les notaires responsables et à leur infliger des dommages-intérêts.

Encore faut-il que la faute du notaire existe et que la nullité lui soit imputable ; car il est universellement admis que le notaire n'est pas en principe responsable de la nullité provenant d'une erreur de droit, parce que, dit Demolombe (*Contrats,* VIII, 834) « on ne peut exiger de lui qu'il décide sous peine d'une responsabilité redoutable des questions controversées et litigieuses, sur lesquelles la jurisprudence et la doctrine présentent souvent de grandes incertitudes. Sur ces sortes de questions les parties, au point de vue du droit, sont dans une situation égale à celle du notaire ; elles doivent savoir si ce qu'elles veulent faire est conforme à la loi : en cas d'hésitation ou d'ignorance, qu'elles consultent un avocat, qu'elles se fassent assister d'un conseil ». Cette règle générale doit naturellement recevoir exception pour « certaines nullités même de droit, que le notaire serait impardonnable d'avoir commises, comme s'il les avait commises dans un de ces actes pour ainsi dire courants, et toujours uniformes du notariat, dont les formulaires indiquent exactement toutes les conditions et les clauses, ou s'il avait omis d'exiger l'accomplissement de certaines conditions de capacité expressément requises dans la personne du contractant ». De nombreux arrêts ont consacré la nécessité d'une distinction entre les points de droit fixés par un texte clair ou par la jurisprudence, et les points de droit sur lesquels l'accord n'est pas fait entre les tribunaux. Aux termes d'un arrêt de la Cour de cassation du 12 février 1883 (D. 84. 1. 255), par interprétation de l'art. 68 de la loi de ventôse « en ce qui concerne le fond, aucune loi n'affranchit les notaires de toute responsabilité en cas d'erreur sur le fond du droit ; mais il faut

néanmoins, pour qu'il en soit ainsi, que l'erreur ne porte pas
sur un point douteux et susceptible de controverse. »

Naturellement le nombre de ces points controversés va toujours en diminuant; ainsi faut-il, pour trouver des exemples
d'erreurs excusables, remonter assez loin, et raisonner par
analogie, beaucoup de ces controverses étant aujourd'hui tran-
chées : Lyon, 18 janvier 1832 (D. 32. 1. 179); Agen, 16 août
1836 (D. 38. 2. 161); Douai, 2 janvier 1837 (D. 38. 2. 161),
(ces deux arrêts déclarent le notaire non responsable de la
nullité d'un acte, alors qu'il y avait controverse sur la légalité
ou l'illégalité du système qu'il a adopté); Metz, 30 avril 1833
(D. 33. 2. 217); Douai, 28 juin 1843 (D. 43. 2. 41); Limoges,
21 mars 1846 (D. 47. 2. 36); Dijon, 12 août 1847 (D. 48. 2.
105); Bordeaux, 9 décembre 1847 (S. 48. 2. 537) (le notaire
n'est pas responsable d'une erreur de droit sur un point non
encore éclairé par la jurisprudence : nullité de l'hypothèque
consentie par une femme mariée, en vertu d'une procuration
non suffisamment spéciale); Toulouse, 9 juillet 1859 (D. 59. 2.
201); Cassation, 12 février 1883 (S. 83. 1. 171) (le notaire
n'est pas responsable si à l'occasion d'un acte de subrogation
dans un privilège de copartageant, dont l'inscription a été prise
tardivement, il existait une difficulté sérieuse au sujet du point
de départ du délai dans lequel devait être prise cette inscription, à savoir si le délai de soixante jours imposé par l'article 2109 du Code civil court du jour de la prononciation ou
seulement du jour de la signification du jugement d'où résulte
le privilège); 2 décembre 1885 (D. 86. 1. 294); 24 mai
1886 (D. 86. 1. 247); Caen, 7 février 1888 (S. 88. 2. 136);

Amiens, 12 novembre 1890 (*Recueil d'Amiens*, 1891. 99).

Le notaire sera d'autant moins responsable qu'il aura commis l'erreur sur l'avis d'un jurisconsulte savant et expérimenté, auteur d'un ouvrage pratique sur le notariat, et d'après une décision judiciaire rendue antérieurement à l'acte incriminé. Amiens, 12 novembre 1890, précité.

Mais il ne saurait en être de même :

1° même pour un point controversé, si la nullité a eu pour cause le choix fait par le notaire d'une forme donnant lieu à controverse, alors que les parties s'en rapportaient à lui sur la forme à donner à leurs conventions. Cassation, 18 avril 1843 (D. 43. 1. 212)..

. 2° lorsque l'opinion par lui suivie ne constitue qu'une divergence isolée et non justifiée par des motifs sérieux, ou que le point n'était pas sérieusement controversé au moment où l'acte a été rédigé. Poitiers, 30 juin 1847 (D. 47. 2. 190); Cassation, 24 mai 1886 (D. 86. 1. 222); Limoges, 25 mai 1887 (D. 88. 2. 98); Caen, 7 février 1888 (S. 88. 2. 136); Paris, 11 mai 1886 (S. 88. 2. 110); Trib. Seine, 20 février 1889 (*Gaz. Pal.* 89. 1. 809).

Suivant le mode d'exposition que nous avons adopté, nous avons commencé par présenter les cas de responsabilité admis par la jurisprudence et les auteurs et qui, trouvant leur fondement dans la loi, nous paraissent devoir être acceptés sans discussion.

Il nous reste à étudier les cas réservés sur lesquels les opinions sont plus ou moins divisées :

1° L'article 3 de la loi du 25 ventôse an XI fait une obligation aux notaires de prêter leur ministère quand ils en sont requis. Le refus peut entraîner contre eux des peines disciplinaires;

mais peut-il donner lieu à des dommages-intérêts envers les parties auxquelles ce ministère a été refusé ? Nous ne le croyons pas, parce que la loi ne le dit pas. Il est évident qu'un notaire ne sacrifierait pas de parti pris ses honoraires, s'il n'était retenu par un empêchement légitime. En présence de la responsabilité qui le guette sans cesse, il se peut qu'un scrupule l'arrête, si l'opération ne lui paraît pas régulière. L'autoriser à refuser son ministère, c'est le mettre à même de respecter dans certains cas le secret professionnel, et en tout cas la délicatesse inhérente a ses fonctions. D'ailleurs point n'est besoin de dommages-intérêts : le notaire sera suffisamment puni par les peines disciplinaires très rigoureuses que les parties peuvent toujours provoquer (art. 53 de la loi de ventôse) et par la perte irrémédiable de clients qui abandonneront son étude pour s'adresser désormais à un confrère. Ajoutons que la loi a prévu ces refus en permettant aux parties de recourir à un autre notaire, et pour ce cas en rendant ces fonctionnaires habiles à instrumenter dans toute l'étendue d'un même ressort.

Sur les empêchements légitimes, qui ne sont l'objet d'aucune discussion, et que tous les traités spéciaux détaillent copieusement, nous passerons brièvement. Ils peuvent tenir au notaire, aux parties, ou à l'acte :

— au notaire : en cas de force majeure (maladie, absence, suspension, fête légale ou heure indue, à moins d'absolue nécessité); en cas de parenté ou d'alliance;

— à l'acte : s'il est illicite, frauduleux ou contraire à l'ordre public;

— aux parties, lorsqu'elles sont incapables; lorsqu'elles sont inconnues du notaire et qu'elles ne justifient pas de leur identité.

2° La capacité des parties soulève une importante question : le notaire est-il responsable lorsqu'un acte est annulé pour incapacité d'un contractant ? Nous soutenons d'une manière absolue que non. Il est, en effet, de règle que chacun doit connaître la capacité de celui avec qui il contracte : *Nemo debet esse ignarus conditionis ejus cum quo contrahit*. C'est donc aux contractants à s'assurer de leur capacité mutuelle, et s'ils négligent ce soin, ils ne doivent imputer qu'à eux les conséquences de leur négligence. La loi impose aux notaires l'obligation de se faire certifier l'individualité des parties si elles ne leur sont pas connues. Ils sont responsables de cette individualité (art. 11 de la loi du 25 ventôse an XI). Mais autre chose est la capacité civile, et l'on ne peut, sans ajouter arbitrairement aux obligations des notaires, leur imposer de connaître cette capacité, ce qui leur serait le plus souvent impossible. L'identité n'est qu'un point de fait, et des témoins certificateurs suffisent pour en assurer la preuve : aussi le notaire sera-t-il responsable s'il manque à la règle qui exige leur intervention, et uniquement dans ce cas, car il n'est pas chargé personnellement de cette vérification. Au contraire, la capacité dépend du fait et du droit, et si le soin de constater la simple identité n'est pas en principe laissé au notaire, *a fortiori* ne peut-il être chargé d'affirmer ou de vérifier la capacité des parties : on ne peut non plus confier à des témoins certificateurs une mission aussi importante qui exige des connaissances juridiques assez étendues, indépendamment des complications qui peuvent se présenter.

La loi a donc laissé sur ce point aux parties le soin de

s'éclairer par tel moyen qu'il leur conviendra et se borne à aider leurs recherches en obligeant les notaires à tenir exposé dans leur étude le tableau des interdits et des personnes soumises à un conseil judiciaire (art. 18 de la loi de ventôse). Tous les auteurs admettent que le notaire ne saurait en principe être déclaré responsable du défaut de capacité d'une des parties, et en ce sens nous trouvons une jurisprudence assez fournie.

Nous supposons jusqu'ici que le notaire ignore l'incapacité des parties, et sa bonne foi doit se présumer. Mais s'il était prouvé qu'il en avait connaissance, il deviendrait responsable de la nullité de l'acte résultant de sa faute ou de son imprudence. A l'appui de cette opinion, Rolland de Villargues, v° *Individualité*, n°ˢ 16 et suivants; Ed. Clerc, *Formulaire du notariat*, II, 1603; Vergé, *Responsabilité des notaires*, § 7; Eloy, n° 65; Pagès, p. 111; *Dictionnaire du notariat*, v° *Responsabilité notariale*, n°ˢ 46 et suivants; Dalloz, *Répertoire*, § 287 et suivants, et *Jurisprudence générale*, 600 et suivants. Orléans, 24 juillet 1856 (S. 56. 2. 461); Cassation, 11 août 1857 (D. 58. 1. 35); Trib. Seine, 27 janvier 1869 (S. 69. 2. 56); Bordeaux, 20 juin 1866 (S. 66. 2. 351); Nice, 26 mars 1889 (*Droit*, 21 septembre 1889); Limoges, 19 juillet 1887 (D. 88. 2. 127); Aix, 19 novembre 1889 (D. 90. 2. 156); Douai, 4 mai 1891 (D. 93. 2. 39); Aix, 19 mars 1891 (D. 92. 2. 343).

La nullité pour défaut de capacité d'une partie ne saurait davantage être imputée au notaire, lorsque ce défaut était bien connu des autres parties, lesquelles ont consenti à traiter en connaissance de cause. Trib. Lyon, 16 février 1888.

Mais il faudrait, pour que le notaire fût responsable d'une

incapacité qu'il connaissait, que la preuve de cette connaissance fût absolument établie[1]. Aussi, nous séparant sur ce point de la jurisprudence et de certains auteurs, regardons-nous avec Merlin, *Répertoire, Individualité*, n° 6; Toullier, n° 1372; Pagès, p. 177, et le *Dictionnaire du notariat*, n° 52 et 53, comme insuffisante pour faire cette preuve l'inscription d'un interdit au tableau exposé dans l'étude du notaire, car ce tableau est là pour le public, et le notaire n'est obligé par aucun texte de le connaître, ni d'en informer les contractants.

3° L'erreur commise dans une grosse ou une expédition, copie littérale de l'acte, engagera-t-elle la responsabilité du notaire, au cas où elle a porté préjudice à la partie? Les règles relatives à ces copies (art. 21, 25 et 26 de la loi de ventôse) sont sanctionnées par des peines disciplinaires graves, même par la destitution. Cette pénalité a semblé suffisante pour obliger les notaires à s'y conformer. Nous adoptons sur ce point l'opinion d'Éloy, n° 479 et Pagès, p. 56, qui distinguent entre les parties intéressées et les tiers. Les parties intéressées, conservant toujours le droit de demander communication de la minute (art. 852 du Code de procédure civile et 23 de la loi de ventôse), ne peuvent s'en prendre qu'à elles de leur négligence, tandis que les tiers, s'ils sont de bonne foi, pourront recourir contre le notaire, car tout moyen de contrôle leur fait défaut, et ils sont en pré-

---

(1) Jousse, *Justice civile*, partie V, tit. 2, n° 87, disait : « Les notaires sont sujets à la garantie des actes qu'ils passent pour les interdits, toutes les fois qu'ils ont connu l'interdiction, parce qu'alors il est vrai de dire qu'il y a dol ou tromperie de la part du notaire... Mais si le notaire avait ignoré cette interdiction, il cesserait d'être coupable ».

sence d'une expédition présumée légalement devoir faire foi comme conforme à la minute.

4° Le notaire sera-t-il responsable envers le tuteur déchu de sa créance, lorsque, dans un inventaire qui intéresse le mineur, le notaire n'a pas fait au tuteur la réquisition prescrite par l'article 451 du Code civil. « S'il est dû quelque chose au tuteur par le mineur, celui-ci devra le déclarer dans l'inventaire à peine de déchéance, et ce, sur la réquisition que l'officier public sera tenu de lui en faire, et dont mention sera faite au procès-verbal ». Nous croyons, avec Pagès, p. 81, Rolland de Villargues, n° 15, et le *Dictionnaire du notariat*, n° 207, que le notaire n'est pas responsable de la non-réquisition. D'abord, parce que la loi ne le dit pas. En outre, pourquoi serait-il responsable? Le tuteur est tenu de faire la déclaration; cette obligation lui est personnelle et reçoit une sanction de la loi. La réquisition du notaire n'est qu'un moyen, un aide-mémoire, que la loi établit pour empêcher l'oubli de déclaration; et il a semblé qu'une peine disciplinaire devait être suffisante (article 53 de la loi de ventôse). Si le notaire était rendu responsable, ce qui serait décider contrairement à l'article 451, C. civ., et sanctionner indirectement l'obligation du notaire et non plus celle du tuteur, ce serait dans le même article édicter une obligation, la sanctionner et l'effacer immédiatement. La raison qu'on donne pour justifier l'opinion contraire est qu'un individu illettré, chargé d'une tutelle qu'il ne peut refuser, va perdre une créance contre son pupille pour avoir omis de faire une déclaration que le notaire devait provoquer. Mais, nous l'avons dit, cette obligation du notaire n'est qu'une mesure destinée à aider le tuteur dans l'accomplissement de son obligation personnelle. Mais ce secours ne peut en fait décharger le tuteur de son obligation personnelle et de ses suites. D'ailleurs on choisit généralement pour tuteur le plus instruit, celui qui a le plus de bon sens; or, personne, si borné soit-on, n'ignore que l'inventaire se compose de la constatation de l'actif et du passif, du bon et du mauvais; personne n'ignore que le passif comprend les dettes; et le tuteur, moins que tout autre, ne peut ignorer l'existence d'une dette dont il est le créancier[1]! L'usage et son intérêt personnel lui ont appris que pour être payé il faut déclarer sa créance, et il n'y manquera guère, surtout à la campagne, où les illettrés, qui diminuent tous les jours, sont souvent les plus habiles dans la gestion de leurs intérêts : la question d'argent réveille les intelligences les plus engourdies. Il n'est donc pas possible de faire passer l'obligation propre du tuteur, seul intéressé à la déclaration et au maintien de la créance, sur la tête d'un fonctionnaire qui ne joue ici qu'un rôle d'aide-mémoire, et à qui la loi ne l'a pas imposée!

De plus ne peut-on pas dire, en argumentant des termes mêmes de l'article 451, et avec un arrêt de la Cour de Pau, 6 août 1834 (S. 35. 2. 123), rapporté par Eloy, I, 204, que la réquisition n'ayant pas été faite, la négligence du notaire n'a aucune conséquence contre le tuteur qui conserve tous les droits contre son pupille. Cette absence de préjudice doit entraîner absence

---

[1] Nous ne parlons pas des cas d'ignorance par force majeure : tout le monde les excepte de l'application de la loi, et, par suite, de cette discussion.

de responsabilité. En notre sens, Rolland de Villargues, *Inventaire*, 238 ; Pagès, p. 81. *Contra*, Dalloz, *Répertoire*, vº *Responsabilité*, 367, sans dire sur quelle base il s'appuie.

5º Tandis que le défaut de réquisition au tuteur ne peut vicier l'inventaire, il pourrait en être autrement de l'inobservation des formalités prescrites par l'article 943-6º du Code de procédure civile. D'après cet article, « dans un inventaire, les papiers doivent être cotés par première et dernière, et paraphés de la main d'un notaire ; s'il y a des livres de commerce, l'état en sera constaté, les feuillets en seront également cotés et paraphés, s'ils ne le sont ; s'il y a des blancs dans les pages écrites, ils seront bâtonnés ». Il est admis cependant en jurisprudence que les titres au porteur ne doivent être ni cotés, ni paraphés.

Nous ne croyons pas que le notaire soit responsable, en principe, de l'omission de ces formalités, car la loi ne le dit pas. En ce sens, Pagès, p. 94. Mais il en serait responsable, si cet oubli de formalités intrinsèques, qui ne rend pas l'inventaire nul, le rendrait inutile ou illusoire. Ce sera surtout une question de circonstances que le juge appréciera avec la plus grande réserve.

6º Le notaire ne serait pas responsable d'une erreur dans une liquidation, même s'il s'agissait d'une erreur de droit, à moins que celle-ci ne rende l'acte frustratoire. Il en serait de même pour les erreurs de fait, mais il faudrait prouver qu'elles sont imputables au notaire et non aux parties qui ont fourni des renseignements erronés ou incomplets. Paris, 30 avril 1860 (D. 61. 2. 14) ; Orléans, 31 janvier 1868 (*Revue du Notariat, 2283*).

T.   6

D'une manière générale, d'ailleurs, le notaire, même si elle ne lui est pas directement imputable, peut être responsable de toute nullité, s'il est *prouvé et établi* qu'il savait que les parties commettaient un dol, ou une fraude, ou un faux, ou que leurs conventions renfermaient un vice de nature à en entraîner lan ullité. Paris, 7 mai 1873 (D. 73. 2. 158); Dijon, 5 mai 1874 (D. 75. 1. 20) et 28 mars 1876 (D. 78. 2. 264); Cassation, 5 janvier 1886 (*Gaz. Pal.*, 86. 2. 124), et 14 janvier 1889 (S. 89. 1 216). Car le notaire n'est pas tenu de prêter son ministère pour les actes illicites, et si son rôle est d'authentiquer les conventions des parties, il ne faut entendre par là que les conventions légales et les opérations régulières. Et les parties ne seraient pas recevables à venir invoquer contre le notaire des fautes dont elles sont seules coupables, et que, par la force des choses, il devait ignorer. Cassation, 5 janvier 1886, précité.

Aux nombreuses décisions de toute nature que la jurisprudence inflige journellement aux notaires, et qui constituent pour ces fonctionnaires une perpétuelle et constante menace à laquelle les plus habiles ne sauraient échapper, nous croyons avoir, dans ce rapide exposé, substitué des règles qui ressortent directement de la loi, et dont la stabilité permet à chaque fonctionnaire de se pénétrer de ses devoirs et d'éviter les occasions de responsabilité. Nos règles sont fondées sur la loi, car en face de chaque assertion nous avons pu donner un texte correspondant qui s'y applique directement, sans avoir besoin d'argumenter de prétendus principes, trouvés dans des articles susceptibles d'une application générale, et qui par leur généralité même ne peuvent s'appliquer à des fonctionnaires publics.

Si notre doctrine semblait renfermer dans des limites trop res-
treintes la responsabilité notariale, c'est à la loi et non à nous
qu'il faut s'en prendre, et c'est à cette même loi à réparer ses
défauts et à combler ses lacunes. Tous accepteraient avec un
soupir de soulagement une loi unique qui établirait enfin pour les
notaires des règles précises, et qui, facilitant leur tâche, facili-
terait aussi celle des juges et diminuerait le nombre des recours
sans fondement sérieux. Car c'est une sujétion continuelle que
ce retour incessant de la même idée : « On ne cherche pas si
nous sommes en faute, mais comment on pourra faire retomber
sur nous le préjudice qui peut résulter d'un de nos actes ».
Nous avons voulu éviter l'arbitraire et l'injustice, et si nous
avons commis des omissions ou des erreurs, nous pouvons affirmer qu'elles n'étaient pas préméditées, et que notre but, tout en
écartant une sévérité sans fondement, n'était pas d'innocenter
complètement les notaires, ce qui serait contraire au vœu de la
loi et aux besoins de la société.

SECTION VI

DES CONSEILS. — DU PRÉTENDU MANDAT LÉGAL D'ÉCLAIRER LES
PARTIES. — DES CLAUSES PRÉVENTIVES OU D'EXONÉRATION (1).

On pourra remarquer que nous avons systématiquement
évité de faire allusion au rôle du notaire comme conseil des

(1) Nous n'avons pas cru pouvoir séparer du mandat légal lés clauses d'exonération, de l'inutilité desquelles nous tirons un argument très puissant
pour le combattre.

parties (sauf en parlant de l'article 23 de la loi du 25 ventôse
au XI); c'est qu'en effet, par suite de l'extension abusive et
arbitraire que lui a donné la jurisprudence, nous avons cru
devoir consacrer une section spéciale aux conseils donnés par
le notaire et au prétendu mandat que la loi lui conférerait d'é-
clairer les parties.

« A cette question : quelles peuvent être les fautes professionnelles ? la réponse serait toute naturelle : celles que le notaire
peut commettre, grosses ou petites, lourdes ou légères, dans
l'exercice de sa profession ; *et comme les règles de cette profession sont définies par l'article 1 de la loi du 25 ventôse
an XI et développées dans la même loi, on aurait ainsi, en
ajoutant les dispositions spéciales qui peuvent se trouver ailleurs, la mesure exacte, précise et définie des devoirs professionnels et de la responsabilité.*

« On arriverait à cette conclusion que le notaire répond de
l'authenticité de l'acte et de tout dol ou fraude en dehors de l'authenticité, et rien au delà. Ainsi le notaire ne saurait être responsable d'une nullité de fond ou de ce que l'acte lèse les intérêts d'une partie par une circonstance connue ou inconnue.
Encore moins répondrait-il d'un mauvais conseil ou de l'omission
d'un bon conseil.

« Le droit romain et notre ancienne jurisprudence étaient formels sur ce point : *Consilii non fraudulenti non est obligatio.
Nemo ex consilio obligatur, etiam si non expediat ei cui dabitur,
cum liberum cuique sit apud se explorare an expediat consilium.*

« Encore aujourd'hui cette évidente vérité est reconnue .....
quand il ne s'agit pas de notaires. Qui donc s'est avisé de pour-

suivre des avocats pour des conseils donnés mal à propos? Cependant les notaires donnent leurs conseils sans honoraires, tandis que les avocats les font payer. Il est très bon que les notaires soient autre chose que les rédacteurs passifs des actes, et qu'il éclairent les parties; mais c'est à cette condition que ces conseils bénévoles et gratuits ne leur créeront pas d'obligations, sous la réserve du dol et de la fraude, et hors les cas de mandats ou de gestions d'affaires. S'il est établi, selon les règles ordinaires de la preuve, que le notaire s'est ainsi lié par un contrat particulier, c'est en dehors de sa fonction et du sujet que nous traitons ; cela rentre dans la responsabilité professionnelle.

« En somme, ou le notaire est entrepris comme tel, et alors c'est un fonctionnaire public, responsable seulement selon les textes formels qui régissent sa fonction; ou il est entrepris comme s'étant engagé dans les liens du mandat et de la gestion d'affaires, et alors il faut que son adversaire fasse contre lui la preuve selon les règles des articles 1341 et suivants du Code civil; ou il est pris comme conseil désintéressé des parties, et alors il doit être indemne, au moins comme les avocats; ou bien enfin il est considéré comme un magistrat de la juridiction volontaire, et alors il faut lui appliquer par analogie les règles si étroites de la prise à partie [1]. »

Dalloz, *Répertoire,* v° *Responsabilité,* n° 362, dit (et pour-

______

[1] Nous pourrons être accusé d'avoir fait au cours de cette étude une sorte d'apologie des notaires offerts en holocauste aux rigueurs des tribunaux ; aussi sommes-nous heureux de trouver un appui dans l'opinion de M. Arnault, professeur à la Faculté de droit de Toulouse, chargé du cours de notariat, hypothèques et enregistrement, secrétaire perpétuel de l'Académie de législation, à qui est empruntée cette longue citation.

tant il n'est pas suspect de partialité ni même d'indulgence pour les notaires) : « Sans doute la responsabilité des notaires est salutaire; elle est une des conditions de l'exercice de leur profession. Bien comprise en effet, elle est certainement appelée à rehausser l'autorité et la considération dues au corps des notaires; mais n'est-ce pas dépasser le but, n'est-ce pas tomber dans une exagération condamnable, que d'obliger le notaire, sous sa responsabilité, à éclairer les parties sur toutes les conséquences de leurs actes? Les notaires ne se trouveraient-ils pas ainsi transformés en agents d'affaires, en intendants des citoyens? C'est aux parties à faire leurs affaires elles-mêmes; le notaire ne peut être tenu de se substituer à elles. Sans doute il doit ses conseils à ses clients; plus habile dans la pratique, plus éclairé dans la science des lois, il leur doit le secours de ses lumières, il doit les prémunir contre les suites de leur ignorance; mais est-ce à dire que l'omission d'un tel moyen engage sa responsabilité? Nous ne le pensons pas; il n'y a là qu'une obligation toute morale qui ne nous paraît pas garantie par une sanction pécuniaire ».

Faisons un troisième et dernier emprunt à un auteur spécial, mais déjà ancien, Rolland de Villargues (*Répertoire de la jurisprudence du notariat*, 2ᵉ édition, 1844, vᵒ *Responsabilité des notaires*, § 33 et 34). « Il est évident d'abord que les notaires ne peuvent être responsables des erreurs qu'ils auraient commises sur le fond du droit. Cela a toujours été reconnu, parce qu'en effet la partie doit s'imputer dans ce cas de ne s'être pas adressée à un notaire plus instruit ou de ne s'être pas fait assister de conseils. — Ainsi par exemple les fautes les plus graves dans une liquidation de communauté, sur les principes des reprises, récompenses ou autres, ne pourraient entraîner de responsabilité contre cet officier. »

Cette citation nous servira de point de départ chronologique. A l'époque de sa rédaction, on considérait donc comme un principe évident que les fautes les plus graves, conseillées ou non, consignées dans les actes, n'obligeaient pas le notaire. Or la législation notariale n'a pas touché ce point ; il devrait donc être resté intact. Il n'en est pas ainsi, et la doctrine et la jurisprudence s'accordent à reconnaître que les notaires ont le devoir d'éclairer les parties sur ce qui peut les intéresser dans les actes qu'elles passent devant eux, et de leur en faire comprendre la portée et les conséquences. Cette obligation, résultant de l'esprit des lois, de leur institution, est de l'essence même des fonctions notariales ; elle est indépendante de tout mandat conventionnel donné par les parties pour la gestion de leurs intérêts, et le notaire est responsable de l'inexécution de ce mandat indéterminé, *mandat légal d'éclairer les parties*, et d'autant plus étendu que les parties sont plus illettrées et ignorantes des choses du droit. Citer tous les arrêts rendus en cette matière serait fastidieux ; la plupart touchent également par quelque point à la responsabilité du notaire en matière de prêt hypothécaire ; nous les retrouverons soit à ce chapitre, soit dans la critique de la jurisprudence qui formera notre seconde partie. Bornons-nous à indiquer ici : Cassation, 3 août 1858 (D. 58. 1. 374); 2 avril 1872 (D. 72. 1. 360), 17 juillet 1872 (D. 73. 1. 87); 27 juillet 1878 (D. 79. 1. 60) et 6 août 1890 (S. 92. 1. 252); Aix, 28 avril 1870 (D. 72. 2. 79); Douai, 12 mars 1886 (*Gaz.*

Pal. 86. 1. 337); Rennes, 17 décembre 1860 (S. 61. 2. 602); Trib. Seine, 27 décembre 1889 (Loi, 21 janvier 1890); Trib. Orthez, 11 juin 1890 (*Loi*, 24 octobre 1890); Paris, 12 novembre 1889 (*Gaz. Pal.* 90. 1. 509); Bourges, 22 août 1877 (D. 78. 2. 163); Amiens, 28 avril 1869 (D. 71. 2. 53); Rouen, 16 mars 1870, sous Cassation, 10 juillet 1871 (D. 71. 1. 215); Paris, 11 mai 1886 (*Revue du notariat*, 7374); Cassation, 22 janvier 1890 (D. 91. 1. 215); 19 juillet 1892 (D. 93. 1. 511); 6 juin 1894 (D. 94. 1. 359); Agen, 28 janvier 1891 (D. 92. 2. 79).

Cette énumération, longue déjà malgré sa brièveté, semblerait devoir nous détourner de notre projet, en nous montrant quelle inutilité, quelle impuissance il y a à vouloir prouver que le mandat légal ne trouve aucun fondement dans les lois constitutives du notariat, ni dans l'esprit, ni dans la lettre. Mais une étude théorique comme la nôtre n'eût pas été complète sans la réfutation d'une aussi déplorable invention, et nous n'avons garde de manquer à notre devoir.

Nous pourrions d'abord invoquer en notre faveur, et cet argument nous paraît sérieux, l'article 12-6° de l'ordonnance du 4 janvier 1843. Cet article qui défend aux notaires de se porter garants ou cautions à quelque titre que ce soit des prêts qui auraient été faits par leur intermédiaire, ou qu'ils auraient été obligés de constater par un acte public ou privé, de s'intéresser dans aucune des affaires pour lesquelles ils prêtent leur ministère, cet article, disons-nous, complète la disposition de l'article 8 de la loi du 25 ventôse an XI. Or la jurisprudence, par sa théorie du mandat légal, impose aux notaires ce que la loi leur défend; elle les rend garants de tous les mécomptes de leurs clients. — Comprend-on un mandataire légal, tenu d'être mandataire malgré lui, contraint d'instrumenter par l'article 3 de la loi du 25 ventôse an XI, tombant sous le coup de l'article 12-6° de l'ordonnance du 4 janvier 1843 s'il se porte garant des actes qu'il reçoit, et obligé d'éclairer les parties auxquelles il voudrait refuser son ministère, et responsable vis-à-vis d'elles au même titre qu'une caution, contrairement à ce même article 12 !

La seule conclusion qui s'impose est que cette théorie du mandat légal d'éclairer les parties imposé au notaire à raison de ses fonctions n'est qu'une invention de la jurisprudence complétant et réformant à son gré le droit civil par un sentiment de fausse équité. En effet ce mandat légal est-il utile? Répond-il aux besoins do la pratique notariale et à l'intérêt bien entendu des particuliers? Non, mille fois non : ce n'est qu'un expédient, habile si l'on veut, imaginé pour placer les notaires à la discrétion des tribunaux et des clients, et pour éluder les règles tutélaires du Code civil en matière de preuve du mandat ou de la gestion d'affaires. Nous aurons certainement à revenir sur ces points et à les compléter en parlant du prêt hypothécaire. Il nous faut cependant déclarer ici que, lorsque cette preuve n'est pas fournie, et que cependant d'après la réputation du notaire, la qualité des parties, l'état de l'opinion surexcitée par des catastrophes récentes et voisines, le tribunal estime que le notaire doit être déclaré responsable, alors on tient en réserve la suprême ressource du mandat légal qui ne requiert aucune preuve précise, et commence et finit où il plaît au tribunal.

Nous ne nous attacherons pasà relever les contradictions des arrêts ; tous les auteurs spéciaux l'ont fait avant nous, et nous en verrons suffisamment dans notre seconde partie pour être édifiés sur ce point. De cette jurisprudence nous ne relevons que le résultat : tantôt le notaire simple rédacteur est exonéré, tantôt il est responsable, selon le bon plaisir des juges. La confiance dans les lumières des magistrats et leur saine appréciation des faits est peut-être une bonne chose ; il n'en est pas moins vrai que nous avons des lois et des codes, et que les obligations et la responsabilité des fonctionnaires publics ont été limitativement réglementées, pour diminuer le plus possible l'arbitraire des juges et lui faire la part la plus réduite possible.

Abandonnons un instant la théorie générale que nous retrouverons en traitant des clauses préventives ou d'exonération, pour ne nous attacher qu'au point particulier de l'ignorance des parties.

On aurait pu croire que les notaires n'étaient tenus de fournir leurs conseils et leurs avertissements qu'aux parties ignorantes, illettrées, ce qui aurait pu faire admettre plus facilement la théorie du mandat légal. Au contraire les arrêts posent comme un principe absolu (Douai, 21 décembre 1892), qu' « il est constant que les notaires n'ont pas seulement pour mission de donner l'authenticité aux actes qu'ils rédigent, mais qu'*ils doivent aussi se considérer comme des conseils désintéressés des parties;* ils doivent notamment, en matière de prêts hypothécaires, pour lesquels leur ministère est de rigueur, renseigner scrupuleusement les prêteurs illettrés et inexpérimentés en affaire ».

Le mandat légal existe donc toujours, et la responsabilité avec lui ; mais montrant quel cas elle fait des « immortels principes de 89 », du mot Égalité inscrit au fronton de nos monuments nationaux et sur nos monnaies, et qu'on traduit ordinairement en disant que tous les citoyens sont égaux devant la loi, la jurisprudence fait entre eux, en dehors des textes légaux qui régissent les incapacités, des distinctions arbitraires suivant le degré de capacité des individus. Cependant *nemo censetur ignorare legem.*

D'ailleurs, si nous exceptons les cas évidents de dol ou d'affaiblissement des facultés intellectuelles par l'effet de l'âge ou d'une infirmité chronique, auxquels cas la responsabilité du notaire ne fait aucun doute, faut-il donc conclure de ce qu'une personne est lettrée ou illettrée, qu'elle est propre ou non aux affaires, et faire varier selon ces circonstances l'étendue du mandat et de la responsabilité du notaire ? — Mais chacun connaît des paysans qui ne savent même pas signer leur nom, qui n'ont été à l'école que peu ou point (bien que cette génération tende à disparaître) et qui possèdent à fond les plus subtiles roueries de la procédure, qui savent évaluer sans erreur un placement, et n'ont pas besoin des tribunaux pour se protéger contre leurs notaires. Et inversement des individus très instruits, mais de choses étrangères au droit, qui ont toujours vécu en dehors des affaires, sans fortune à gérer, sont absolument incapables de se diriger dans le dédale de la vie pratique, et n'ont des placements hypothécaires qu'une notion tout à fait sommaire quand encore elle existe. Faire de cette distinction un élément d'appréciation, c'est poser l'arbitraire en principe, et c'est ce qu'ont bien compris les magistrats assez intelligents pour essayer de sortir de la routinière ornière.

« C'est ici le lieu de mentionner le remarquable rapport de M. le conseiller Rivière sur une question de responsabilité au sujet d'un placement de fonds, question tranchée en faveur du notaire par l'arrêt de la Cour de cassation du 12 février 1883 (Voir le rapport in-extenso dans le *Journal du Palais,* année 1883, p. 397, et dans le *Journal du notariat* du 6 juin 1883).

« M. le conseiller Rivière a d'abord exposé à grands traits les principes consacrés par la jurisprudence de la cour au sujet de la responsabilité des notaires, et il a déclaré que dans tous ces arrêts il ne voyait que la responsabilité dérivant des règles du droit commun (Art. 1382 et 1383 du Code civil). Puis il a ajouté :

« Il est une obligation que l'on trouve énoncée dans les motifs de plusieurs arrêts de cours d'appel : c'est celle qui serait imposée aux notaires d'une manière égale et absolue, en vertu des devoirs de leur charge, d'éclairer les parties sur le *droit* comme sur le *fait,* concernant les conventions que l'acte a pour but de constater. Ce serait là une *obligation civile et légale* à laquelle ils seraient astreints sous peine de dommages-intérêts. Vous vous êtes toujours prudemment abstenus de formuler dans les motifs de vos arrêts une règle aussi générale, aussi absolue. »

« Ne voit-on pas par là un avertissement donné par l'éminent magistrat, au sujet de certains jugements et arrêts empreints d'une rigueur excessive contre les notaires?..... Quoi qu'il en soit, M. le conseiller Rivière termine son rapport en rappelant, et en se l'appropriant le passage suivant de Troplong sur le mandat, passage approuvé par Demolombe :

« Il est de la prudence des tribunaux de se tenir en garde

contre les prétentions de clients trop portés à déverser sur autrui la responsabilité d'actes qu'ils ne peuvent s'imputer qu'à
eux-mêmes. A côté des arrêts qui ont sévi contre les notaires,
il y en a d'autres tout aussi graves qui les ont sauvés de recours
injustes. Je pense, en général, qu'il n'est pas bon de pousser à
l'excès la responsabilité des notaires et qu'il ne faut pas environner de trop de périls leurs fonctions déjà si délicates et si difficiles ».

« Cette opinion de deux de nos plus savants jurisconsultes a
été souvent citée. On ne saurait trop la placer sous les yeux des
magistrats appelés à juger les causes de responsabilité notariale,
pour la soumettre à leurs consciencieuses méditations (1). »

Nous pouvons ajouter à l'opinion déjà ancienne de Troplong
qu'en voulant trop exiger des notaires, on court le risque de
n'en plus trouver et de les voir remplacer par des agents
d'affaires sans surface, sans fortune, et dès lors sans aucune
responsabilité pratique. Cette crainte n'a rien d'exagéré, car, si
le seul examen de la jurisprudence montre déjà que la responsabilité notariale est lourde, à ceux qui ont vécu en rapports intimes et journaliers avec ces officiers publics la situation paraît bien plus grave encore. Car le notaire sérieux et
honnête ne se résigne à subir un procès qu'après avoir tout
tenté pour l'éviter. Comme il ne peut jamais être assuré à
l'avance d'une absolution, et qu'il peut toujours craindre une
condamnation, il subit toujours en fin de compte une perte, il

____

(1) Emprunté à la circulaire 185 du Comité des notaires des départements,
28 novembre 1883.

va même quelquefois jusqu'à rembourser la plus grande partie, ou même la totalité de la créance malheureuse, pour n'être pas, après une vie de labeur et de dignité, déchiré et traîné dans la boue par l'avocat de son client, nous dirions mieux de son ennemi, à qui sa robe confère l'impunité. Le notaire ne doit pas être soupçonné, et de même qu'on dit plaisamment que la crainte du gendarme est le commencement de la sagesse, la plus élémentaire prudence lui conseille de céder, de transiger, s'il ne veut pas voir son étude désertée à la suite d'un procès.

§ 2. En présence d'une jurisprudence aussi rigoureuse dont ils ne peuvent mesurer les effets, et pour remédier à cette situation intolérable qui est la cause de bien des désastres, sans avoir pour elle l'appui d'un texte légal, les notaires ont cherché s'ils n'auraient pas quelque moyen de se soustraire aux dangers que fait planer sur eux cette jurisprudence, c'est-à-dire un moyen tiré de cette loi même dont on prétend tirer leur responsabilité. Chose digne de remarque, l'auteur qui s'est peut-être montré le plus hostile et le plus intolérant vis-à-vis de la corporation dans son *Traité sur la responsabilité des notaires*, publié en 1863, alors qu'il n'était que substitut du procureur impérial près le tribunal de Louviers, M. Éloy, reprochait à la Cour d'Aix d'avoir négligé d'indiquer ce moyen dans son arrêt du 28 avril 1870; et cependant il était alors avocat général près la Cour de Besançon. On peut lui retourner à lui-même le reproche. Nous allons cependant examiner les différents subterfuges tentés par les notaires pour se mettre à l'abri en fait, car en droit aucune ressource ne leur est offerte à cet effet, puisque l'originalité du mandat légal d'éclairer les parties consiste justement en ce que ce mandat est indéterminé et sans limites, laissé en un mot à la sagacité, aux lumières et à la conscience des magistrats. Mais cette étude ne sera pas pour cela vaine ni inutile; car nous y trouverons l'argument le plus décisif contre cette théorie, contre cette jurisprudence.

La première pensée qui vient à l'esprit est celle-ci : le notaire, pour éviter la responsabilité résultant du mandat légal d'éclairer les parties, insérera dans l'acte *une clause constatant qu'il a rempli ce mandat.* On comprend même que cette clause se présente sous deux aspects différents selon les circonstances : tantôt elle sera conçue en termes généraux, tantôt elle expliquera et reproduira les conseils donnés inutilement aux parties.

L'efficacité de ces clauses est généralement admise par une doctrine à laquelle nous nous associons (*Encyclopédie du Notariat*, vº *Responsabilité notariale*, nºˢ 497 et suivants; P. Pont, *Revue critique*, t. VII, p. 49; Rutgeerts et Amiaud, nº 295, note 3; Massé, *Parfait notaire*, 4ᵉ édition, tome I, livre IV, chapitre 29, p. 654; Velain, *Cours de Notariat*, nº 282, et nombreux articles des journaux spéciaux, *Journal du Notariat, Journal des Notaires et des Avocats, Revue du Notariat et de l'Enregistrement*). « On comprend, en effet, que les parties se décidant quelquefois par nécessité et sans l'avis du notaire à insérer des clauses dangereuses ou à s'abstenir des formalités protectrices de leurs droits, on ne peut exiger du notaire qu'il refuse son ministère dans ces circonstances, ni le rendre responsable d'imprudences contre lesquelles il a été impuissant à prémunir les parties ». Dalloz, *Jurisprudence générale*, 485.

Quel accueil la jurisprudence a-t-elle fait à ces clauses? Si la clause est conçue en termes généraux, les arrêts déclarent qu'elle n'exonère pas le notaire. Elle deviendrait, en effet, de style et ferait disparaître l'obligation du mandat légal. Bien que deux arrêts de la Cour de Paris, 20 février 1854 et 17 mars 1870 (*Revue du notariat*, 768 et 2711)déchargent le notaire des suites fâcheuses d'un prêt hypothécaire, en déclarant « que l'acte incriminé constate que les stipulations qu'il contient ont été négociées directement par les parties entre elles, et que le rôle du notaire a consisté uniquement à donner l'authenticité à des conventions arrêtées en dehors de lui et sans son concours », nombreux sont, en sens contraire, les arrêts déclarant que le notaire ne cesse pas d'être responsable par cela seul qu'il aurait inséré dans l'acte la mention que ce prêt a été « négocié directement entre les parties, sans la participation du notaire, lequel n'a été que le rédacteur des conventions ». Paris, 27 août 1852; Dalloz, v° *Responsabilité*, 361 ; Cassation, 11 juillet 1872.

Si, au lieu de se borner à une énonciation générale et vague que certains interprètes ont même été jusqu'à considérer comme un aveu ou même une aggravation de la faute, le notaire donne le détail de ses avertissements aux parties et raconte les faits, il n'est guère plus heureux. Des arrêts de Paris, 27 août 1865 ; Agen, 23 décembre 1889 (D. 90. 2. 202); Aix, 28 avril 1870 (D. 72. 2. 79), ont déclaré, ce dernier du moins, que bien que l'acte atteste que le notaire a éclairé les parties d'une façon générale sur les dangers qu'il y a à payer comptant sans les formalités de la purge, il est cependant responsable s'il n'a pas fait connaître explicitement à l'acquéreur le chiffre des hypothèques connu de lui et grevant l'immeuble, en ajoutant que le paiement au comptant entraînerait l'obligation de payer deux fois. — Cette décision a été vivement et universellement critiquée, même par les défenseurs ordinaires de la jurisprudence, Éloy par exemple, à raison du soin qu'avait pris une première fois le notaire de refuser son ministère pour cette clause dangereuse, mais licite. Mais on a été plus loin, et dans son arrêt du 2 avril 1872 (D. 72. 1. 362), la Cour de cassation, Chambre des requêtes, ayant à apprécier l'arrêt en question d'Aix, a déclaré « que si les notaires ne peuvent instrumenter pour les personnes qui sont leurs parentes au degré déterminé par l'article 8 de la loi du 25 ventôse an XI, ils ne peuvent à plus forte raison instrumenter pour eux-mêmes ; d'où il suit que les tribunaux ne sont pas liés d'une manière absolue par les déclarations que fait à son profit et dans son intérêt le notaire rédacteur d'un acte de vente, relativement à la responsabilité qui peut naître contre lui de la conduite qu'il a tenue ou des conseils qu'il a donnés dans les circonstances qui ont précédé ou accompagné la passation de ces actes. La Cour de cassation, on le voit, n'a pas voulu se prononcer d'une façon précise : « les tribunaux ne sont pas liés d'une manière absolue », ce qui revient à dire que les déclarations du notaire peuvent l'exonérer, et sans doute, en fait, c'est ce qui arrive le plus souvent ; mais en droit il n'y a rien de certain pour lui, la justice se réserve toujours d'apprécier. Cependant il nous semble que dans cette partie de l'arrêt que nous citons il y a à la fois une contradiction et une confusion. En effet l'arrêt s'appuie sur cette règle que les notaires ne peuvent instrumenter pour eux-mêmes, et il en tire cette conclusion que les tribunaux ne sont pas liés d'une manière absolue par les déclarations que le notaire insère dans les actes pour écarter sa responsabilité. Il est évident que cette conclusion devrait être plus rigoureuse, et qu'il faudrait aller jusqu'à dire que ces déclarations sont nulles et rendent nul l'acte tout entier, conformément aux dispositions des articles 8 et 68 de la loi du 25 ventôse an XI.

D'autre part, nous croyons qu'il y a ici une confusion commise par l'arrêt. En effet l'article 8, dans son texte ou dans son esprit, défend au notaire à peine de nullité (art. 68) d'instrumenter pour lui-même ou d'avoir un intérêt dans l'acte. Mais il importe de préciser; c'est comme particulier que le notaire est sous le coup de cette prohibition : la loi n'a pas voulu, et à juste titre, qu'il pût jouer à la fois le rôle de notaire et de partie. Mais cette défense ne l'atteint pas comme notaire, comme fonctionnaire public, car en cette qualité il ne cesse pas d'instrumenter dans son propre intérêt, et la loi lui en fait même un droit et un devoir : déclarer que l'acte a été lu aux parties en présence du notaire en second ou des témoins, qu'il a été par eux signé, etc., n'est-ce pas insérer des mentions qui déchargent le notaire rédacteur de ses obligations de notaire jusqu'à inscription de faux? Si donc le motif de la Cour de cassation était vrai, il devrait pouvoir s'exonérer aussi par une clause de l'obligation que lui impose le prétendu mandat légal d'éclairer les parties, puisque cette obligation l'atteint comme notaire, en qualité de fonctionnaire public et non comme particulier.

Ce qui nous conduit au dilemme suivant : ou bien les déclarations du notaire en sa faveur tombent sous le coup de l'article 8 de la loi du 25 ventôse an XI, et alors l'acte tout entier doit être nul, ce que personne n'ose avancer ; ou bien elles ne tombent pas sous le coup dudit article, qui n'a pu viser que les cas où le notaire était intéressé comme particulier, et alors elles doivent avoir en justice la même force probante que toutes les autres mentions constatant que les formalités ou obligations imposées au notaire comme fonctionnaire public ont été fidèlement accomplies.

Dalloz, *Jurisprudence générale*, p. 488, fait remarquer, à ce sujet, qu'au même titre que « la loi non seulement tolère, mais prescrit des mentions de ce genre, notamment celle de la lecture de l'acte donnée aux parties (art. 1394, C. civ.), la plupart des législations étrangères qui reproduisent la même prohibition prescrivent ou permettent les clauses préventives dont nous parlons : Prusse, loi notariale du 11 juillet 1845, § 3 et 4 ; Russie, loi notariale du 14 avril 1866 ; Bavière, loi notariale du 10 novembre 1861 ; Autriche, loi notariale du 25 juillet 1871, art. 36 ; grand-duché de Luxembourg, loi notariale du 3 octobre 1841 ; » et conclut en ces termes : « Tout au moins doit-on, sous l'empire de la législation française, distinguer la renonciation du client à un droit que lui ouvrirait la faute du notaire dans l'accomplissement de son mandat et la simple constatation de faits, d'agissements, d'avertissements, d'après lesquels seront appréciés le mandat et la faute. »

Nous l'avons déjà dit, nos conclusions ne changeront rien à l'état de choses actuel ; fussent-elles admises en droit, lorsque la Cour ou le tribunal jugeraient à propos de condamner le notaire, ils auraient toujours la suprême et commode ressource de décider que les déclarations insérées dans l'acte étaient insuffisantes pour éclairer les parties, et pour la Cour de cassation cette appréciation des faits est souveraine.

Ainsi le notaire ne peut se flatter d'échapper à la responsabilité du prétendu mandat légal d'éclairer les parties par une clause préventive insérée à l'acte, si détaillée soit-elle. On peut cependant l'engager à ne pas l'omettre, et en fait elle pourra empêcher un procès ou même le lui faire gagner ; mais en droit elle ne lui donne aucune certitude.

Aurait-il plus de chances en se faisant délivrer par les parties une *attestation en dehors de l'acte*, constatant que lesdites parties le déchargent de toute responsabilité concernant les suites de cet acte ?

« En fait il arrivera le plus souvent qu'une semblable assertion couvrira le notaire en empêchant tout procès, mais en droit, et si malgré tout il y avait procès, les tribunaux seraient-ils liés ? Evidemment non. Ils ne le seraient pas davantage que par la même clause insérée dans l'acte. Comment comprendre que les mêmes paroles, écrites sur un papier à part et signées des parties, puissent avoir plus d'efficacité que si elles étaient insérées dans l'acte même et signées des mêmes parties? Notre droit répugne à de pareilles subtilités, et ce que la Cour de cassation disait dans les arrêts de 1872 de la force probante des déclarations insérées dans les actes doit s'appliquer également dans notre hypothèse [1] ».

(1) Ce passage, emprunté à M. Arnault, est tiré de la circulaire 195 du

Le notaire arriverait-il à un meilleur résultat en se bornant à copier un *modèle fourni par les parties,* ou à signer un acte préparé par elles en dehors de lui, ou à écrire l'acte sous la dictée d'un homme de loi ou de tout autre conseil des parties? Ici encore la négative nous paraît résulter de la jurisprudence, notamment d'un arrêt de la Cour de cassation du 1er juin 1840 (S. 40. 1. 495, D. 40. 1. 209); ce modèle ne pourrait s'affranchir d'une manière absolue de la responsabilité dérivant du mandat légal; car si personne ne conteste la validité de la mention que fait le notaire qu'il a « dressé le présent acte sur modèle présenté par les parties » (1), si cette présentation peut le protéger en fait, qui peut assurer que les tribunaux ne diront pas, en droit, que l'obligation d'éclairer les parties est imposée par

Comité des notaires des départements (25 octobre 1885) au sujet d'un jugement du tribunal civil de Vouziers du 30 avril 1884. Et les rapporteurs, MM. Dugnet, président de la Chambre des notaires de Senlis (Cour d'Amiens) et Fabre, président de la Chambre des notaires de Corbeil (Cour de Paris), concluaient ainsi : « Devrions-nous conclure alors dans une telle situation, que les notaires devraient s'abstenir de recevoir un acte quand les parties refuseraient de remplir les formalités nécessaires ?

« Ce serait aller trop loin, et nous pensons, contrairement à l'opinion de M. Arnault, qu'une déclaration des parties en dehors de l'acte, ou une lettre adressée par elles au notaire, constatant que celui-ci les a prévenues formellement de l'utilité des formalités, et du danger de ne pas les remplir, ne laisserait subsister aucune responsabilité. Ce moyen ne serait évidemment pas praticable quand le notaire se trouverait en présence de parties illettrées ; nous ne voyons alors qu'une attestation testimoniale qui pourrait le remplacer ».

En ce sens également se prononce M. Boulet, président du tribunal de Bourgoin, dans son *Code du notariat,* II, n° 1038 (édition 1897).

(1) Nous ne saurions trop engager les notaires à conserver ces modèles ; c'est d'ailleurs, croyons-nous, la pratique de beaucoup d'études.

la loi au notaire et non à une autre personne, et que le fait de la reproduction exacte du modèle ne peut décharger le notaire de cette obligation.

Nous avons examiné les efforts tentés par les notaires pour se soustraire à l'oppression du mandat légal ; cette revue nous a mis à même de constater que rien ne peut d'une manière absolue lier les tribunaux, et mettre sûrement le notaire à l'abri de toutes poursuites à l'occasion du mandat légal d'éclairer les parties.

C'est dans cette constatation que nous trouvons la preuve, annoncée au début de cette section, que la théorie du mandat légal n'a pas de base juridique. Si elle était fondée en droit, si elle n'était pas une conception arbitraire, ses partisans (Eloy) auraient pu indiquer au notaire un moyen sûr d'établir qu'il a accompli tout son devoir ; car il est impossible moralement que ce moyen ne soit pas donné au notaire. Rappelons-nous en effet que c'est comme fonctionnaire que le notaire est ici poursuivi. Or nous ne voyons en France aucune classe de ces fonctionnaires « que l'Europe nous envie », auxquels les règles mêmes de leur institution ne fournissent le moyen de prouver qu'ils ont bien rempli leurs devoirs. C'est qu'un fonctionnaire public, s'il manque à l'un des devoirs de ses fonctions, encourt des peines et une responsabilité plus lourdes que celles d'un particulier ; il est juste qu'en retour la loi lui fournisse un moyen de prouver d'une manière absolue, indubitable, qu'il a rempli tous ses devoirs. Pour tous la loi a prévu et réglementé cette garantie : visa, signature, procès-verbal, mention de formalité accomplie, etc. On pourra nous accuser de répéter toujours la même plainte : mais seul le notaire, si la théorie du mandat légal était juridique, ferait exception à la règle. Jamais il ne pourrait acquérir la certitude d'avoir accompli tout son devoir, jamais celle d'être à l'abri de tout recours.

Cette situation unique d'un ordre de fonctionnaires auxquels il est impossible de connaître l'étendue de leurs obligations, qui, dans leurs fonctions mêmes, sont à la merci de l'impression des juges, est inadmissible et suffit pour faire rejeter une théorie aussi contraire à l'essence même des fonctions publiques, et cette conclusion s'impose : ou renoncer au mandat légal, ou indiquer le moyen de prouver qu'il a été accompli. Nous avons vu que les législateurs des autres pays avaient compris cette nécessité et s'étaient attachés à y satisfaire. 8.500 notaires [1] attendent la même sollicitude des législateurs français.

(1) En 1860, 9.824 notaires ; en 1892, 8.741 ; en 1898, 8.605 pour les départements, 122 pour Paris, 25 pour les communes rurales de la Seine, 53 pour l'Algérie, en tout 8.805 notaires.

CHAPITRE III

De la responsabilité des notaires en dehors de leurs fonctions publiques.

Nous avons supposé jusqu'ici que le notaire ne sortait pas de ses attributions, qu'il se bornait à être le rédacteur des conventions des parties. C'est en effet uniquement dans l'exercice de ses fonctions que le notaire est investi du caractère public. Pour tout ce qui sort de son ministère légal, ce caractère disparaît et il ne reste plus que l'homme privé soumis aux règles générales communes à tous les citoyens.

SECTION I

RESPONSABILITÉ GÉNÉRALE DU NOTAIRE EN DEHORS DE SES FONCTIONS. DU MANDAT ET DE LA GESTION D'AFFAIRES [1].

En dehors de leurs fonctions les notaires sont soumis à la responsabilité générale qui pèse sur tous les citoyens.

[1] Nous n'avons pas séparé le mandat de la gestion d'affaires parce que la jurisprudence dont nous voulons critiquer la théorie établit entre eux une incessante confusion.

Par suite, si l'obligation du notaire dérive de la loi (art. 1370, C. civ.), c'est la loi même qui disposera sur la responsabilité.

Si la matière est contractuelle, il y aura lieu d'appliquer l'article 1137 du Code civil, et les règles spéciales des divers contrats. C'est dans des cas semblables que le dol du notaire pourra le rendre responsable (art. 1116, C. civ.).

S'il s'agit de quasi-contrats, on en trouvera les principes dans les articles 1371 et suivants du Code civil.

Au contraire, en fait de délits et de quasi-délits, c'est aux articles 1382 et suivants du Code civil qu'il faudra recourir.

Enfin les articles 44 et suivants du Code pénal appliquent les dommages-intérêts comme accessoires des peines.

Il est souvent difficile de distinguer si un notaire agit du chef de ses fonctions ou comme personne privée à l'occasion de l'exercice de ses fonctions.

La plus difficile question, on pourrait presque dire la seule question, est relative au mandat donné au notaire, surtout en matière de prêt hypothécaire. Nous croyons avoir démontré que le notaire n'est jamais, en tant que notaire, le mandataire des parties; mais il peut, à l'occasion de ses fonctions, recevoir et accepter des mandats accessoires et véritablement conventionnels. Sa responsabilité sera dès lors régie par les règles générales des obligations conventionnelles.

C'est ce dernier point que nous devons examiner.

Lorsque les notaires agissent comme mandataires, la responsabilité qui leur incombe comme conséquence de leurs actes est celle du droit commun applicable en matière de mandat. Et cette responsabilité les atteint non plus comme notaires et d'après les dispositions de la loi de ventôse, mais bien comme particuliers ayant accepté expressément ou tacitement une mission, un mandat. Ils répondent donc de toute faute, de toute négligence dans l'exécution de ce mandat, et d'après l'appréciation qu'en font les tribunaux. La jurisprudence est unanime sur ce point (nous supposons le mandat prouvé) : « Considérant, disait la Cour de Paris dans un arrêt du 29 janvier 1834, qu'en principe les notaires sont responsables envers les parties non seulement des fautes graves qu'ils commettent dans l'exercice de leurs fonctions, mais encore de toute faute ou négligence dans l'exécution des mandats dont ils se chargent par suite de ces mêmes fonctions..... ». Cet arrêt fut confirmé par la Cour de cassation le 3 décembre 1835 et les mêmes principes adoptés par cette Cour le 9 août 1836.

Nous avons examiné quelles sont les obligations du notaire en ce qui concerne la rédaction des actes, et de quelle responsabilité il peut être tenu à cet égard. En tant qu'interprète fidèle des conventions des parties, le notaire ne saurait être obligé aux conséquences de ces actes, puisqu'en réalité ses fonctions ont pour but d'authentiquer les conventions précédemment arrêtées par les parties qui recourent à son ministère. Mais il ne pouvait en être de même quand l'officier public, se plaçant en dehors des devoirs et des obligations déterminées et spéciales du rédacteur, agissait comme mandataire; dans ce dernier cas il se soumet à l'application de la loi et des principes relatifs au mandat ou à la gestion d'affaires. Et l'observation est importante, puisque, comme simple rédacteur des conventions, le notaire ne peut être recherché, soit quant au préjudice que l'acte a causé à une partie, soit quant à la nature des sûretés stipulées par celle-ci. Si donc le mandat est prouvé, les obligations du notaire deviennent plus étendues, et sont soumises à l'appréciation des tribunaux. Le notaire, en tant que mandataire, est tenu d'accomplir le mandat qu'il a accepté et répond des dommages-intérêts qui peuvent résulter de son inexécution, de son fait ou de sa faute (C. civ., art. 1991 et 1992). Voici les principales espèces dans lesquelles, une fois l'existence du mandat prouvée, la jurisprudence a fait application de ces règles; ont été déclarés responsables :

1° Le notaire chargé de verser le prix d'une vente aux mains des créanciers inscrits, et qui le remet à l'avoué poursuivant, sur sa seule quittance, sans s'inquiéter s'il a les pouvoirs suffisants pour recevoir, lorsque l'avoué ne remet pas les fonds. Orléans, 10 janvier 1850 (D. 51. 2. 124).

2° Le notaire chargé d'encaisser le prix d'une vente en cas de déconfiture du banquier chez lequel il l'a placé. Rennes, 28 juin 1860 (D. 61. 2. 81).

3° Le notaire qui, ayant reçu du débiteur des fonds destinés au créancier, les remet à la servante de ce dernier et néglige d'en réclamer quittance. Cassation, 13 novembre 1848 (D. 48. 1. 249).

4° Le notaire qui ayant accepté de recevoir le prix de vente d'un immeuble et de ne le verser aux créanciers inscrits que contre mainlevée des inscriptions qui le grèvent, répartit le produit de la vente entre les créanciers hypothécaires, sans avoir obtenu mainlevée de leurs inscriptions et la renonciation de la femme du vendeur à son hypothèque légale sur ledit immeuble. Paris, 28 janvier 1890 (*Gaz. Pal.*, 90. 2. 633).

5° Le notaire qui, chargé de payer un créancier hypothécaire avec subrogation, verse les deniers audit créancier sans exiger en même temps quittance subrogative. Cassation, 19 juillet 1854 (D. 55. 1. 25); 27 octobre 1891 (*Gaz. Pal.*, 91. 2. 452); Paris, 4 décembre 1855 (S. 56. 2. 713); Toulouse, 24 août 1875, sous Cassation, 25 janvier 1876 (D. 76. 1. 381).

6° Le notaire qui remet les fonds consignés entre ses mains avant justification des garanties exigées dans le contrat. Cassation, 3 décembre 1835 (D. 36. 1. 17).

7° Est responsable de l'éviction résultant d'une hypothèque légale le notaire qui a conclu un achat et passé l'acte comme mandataire d'un client, lorsqu'avec une attention suffisante, il eût dû s'apercevoir de l'existence de l'hypothèque. Nancy, 15 décembre 1874 (S. 75. 2. 318).

8° Le notaire qui a accepté de placer des fonds dans des conditions déterminées est responsable de la perte subie par le mandant lorsque cette perte a pour cause l'inobservation des conditions indiquées par le prêteur. Grenoble, 19 décembre 1871 (S. 72. 2. 107).

9° Lorsque l'acte porte que la somme prêtée servira à libérer l'emprunteur vis-à-vis des créanciers antérieurs, par l'intermédiaire du notaire, de telle sorte que le prêteur reste seul inscrit sur les immeubles, le notaire est responsable de ce que l'emploi n'a pas eu lieu. Douai, 19 et 24 janvier 1887 (*Gaz. Pal.*, 87. 1. 342).

10° Le notaire qui prête sur simple billet, comme mandataire de son client, des sommes appartenant à ce dernier, peut être déclaré responsable du préjudice, lorsqu'il a négligé de faire signer le billet en sa présence et que, dans la suite, la signature est déclarée fausse. Angers, 28 mars 1833 (D. 33. 2. 182).

Nous verrons à la fin de ce chapitre que le notaire peut recevoir et accepter un mandat pour l'accomplissement de formalités postérieures aux actes : il devient dès lors responsable de l'inaccomplissement de ces formalités. C'est bien encore un cas de mandat en dehors des fonctions notariales.

Si les notaires en tant que particuliers peuvent être mandataires, ils peuvent aussi se charger d'une gestion d'affaires ; ce qui les placerait sous le coup de l'article 1372 du Code civil.

Mais nous croyons que si le notaire peut, à l'occasion de ses fonctions, mais en dehors d'elles, être un mandataire ordinaire, il sera rarement un gérant d'affaires ; il a même tout intérêt à ne jamais l'être.

En effet quels sont les caractères de la gestion d'affaires? A l'inverse du mandat : 1° la personne dont l'affaire est gérée ignore cette immixtion et n'y a pas donné son consentement. Au moment où elle l'apprend, le seul fait de tolérer cette gestion n'emporte pas consentement, car c'est au moment de la formation du quasi-contrat que la situation légale a pris son caractère ; 2° le maître de l'affaire peut être un incapable ; 3° la preuve de la gestion est plus facilement reçue en justice ; 4° la gestion est gratuite. Or quel intérêt aurait un notaire à aller s'ingérer dans les affaires des particuliers à leur insu? Quel recours aurait-il contre l'incapable dont il aura géré l'affaire? Pourquoi irait-il se soumettre volontairement à des obligations dont la preuve sera facilement admise contre lui, et cela gratui-

tement? Tandis que le mandat n'offre pour lui que des avantages :
il est précis, la preuve doit en être administrée conformément au
droit commun, et surtout il n'est pas gratuit.

Cependant la jurisprudence, entraînant avec elle la majorité
des auteurs, n'hésite pas à admettre une gestion d'affaires dans
presque tous les cas où il est impossible de se fonder sur un
mandat pour condamner le notaire. Car bien rares sont maintenant les décisions aussi justes que l'arrêt de la Cour de Bordeaux du 24 mai 1887 (*Recueil de Bordeaux,* 1887. 1. 284), obligeant le client à faire la preuve du mandat ou de la gestion
d'affaires, et n'acceptant pas comme preuve la pratique notariale, abusive du reste, qui entraîne les notaires à se faire les
gérants d'affaires de leurs clients; ou le jugement du tribunal de
Lyon du 9 janvier 1891 (*Moniteur de Lyon,* 14 février 1891)
déclarant qu'à défaut de faits précis d'où résulte la preuve certaine d'un mandat donné à un notaire, les tribunaux doivent
présumer que ce dernier n'est pas sorti de ses attributions de
fonctionnaire public chargé de donner l'authenticité aux actes
et contrats convenus entre les parties.

Comment cette preuve doit-elle être administrée ? C'est une
question délicate, et tous les arrêts, même ceux de la Cour de
cassation rendus à la même époque, sont contradictoires; ce
qui n'est guère favorable au dégagement d'une théorie juridique
précise. Cela tient à ce besoin, qui est vite devenu une nécessité, de rendre toujours et dans tous les cas le notaire responsable, et de même que dans l'exercice de ses fonctions on lui
fait application des articles 1382 et 1383 du Code civil, de même
ici on a cru devoir échafauder un système tout à fait particulier

pour arriver à atteindre le notaire. Il faudrait, prétend-on, distinguer trois cas, celui du mandat exprès, celui du mandat
tacite, et celui de la gestion d'affaires. Le mandat exprès est
celui des articles 1885 et suivants du Code civil; il suppose
nécessairement une manifestation de volonté soit verbale, soit
écrite; la gestion d'affaires est, aux termes de l'article 1372,
le fait de gérer volontairement l'affaire d'autrui, soit que le
propriétaire ait connaissance de cette gestion, soit qu'il l'ignore.
Il semblerait qu'entre le mandat formel et la gestion d'affaires,
il n'y ait pas de place pour un mandat tacite. Cependant la
jurisprudence, et à sa suite la doctrine, prétend qu'il y a
des cas dans lesquels on se trouve en présence d'un véritable
mandat tacite. Voici comment on prétend établir le principe
du mandat tacite reçu par le notaire :

Sans doute la gestion d'affaires ne se transforme pas en
mandat par le seul fait du maître qui la connaît; mais il y a
mandat tacite, lorsque la conduite du mandat révélant son intention a suscité chez le mandataire la pensée d'exécuter un
ordre implicitement donné et accepté! Aubry et Rau, t. IV,
§ 111 ; Troplong, *Mandat,* § 118 et suivants ; Larombière, *Obligations,* 1372-1373; Paul Pont, *Petits contrats*, § 1985; Cassation, 5 janvier 1863 (S. 63. 1. 9) et 18 janvier 1892 (S. 92. 1.
255). Quant à ce fameux mandat tacite, en quoi consiste-t-il?
M. Labbé, dans une note sous Cassation, 29 décembre 1875
(S. 76. 1. 401) le définit ainsi : « Le mandat tacite n'est pas
un mandat verbal, mais il suppose, comme le mandat verbal,
comme tout mandat, un consentement, un concours de volontés ;
mais ce qui le caractérise, c'est que les volontés n'ont été ex-

primées ni par des écrits, ni par des paroles, ni par aucun mode de manifestation de la pensée humaine; les volontés qui le constituent sont restées internes; elles n'ont pas été reproduites au dehors au moyen d'un langage; elles s'induisent de faits, de circonstances qui les supposent sans être une manière de les exprimer. »

Quelles conséquences a données cette théorie dans le domaine de la preuve?

Lorsque le client invoquera un mandat exprès donné au notaire, il ne pourra se soustraire à l'application des règles de droit commun en matière de preuve (art. 1985, C. civ.); en conséquence, il devra fournir la preuve par écrit du mandat; la preuve testimoniale et les présomptions ne seront admissibles que s'il existe déjà un commencement de preuve par écrit. Cassation, 22 août 1864 (S. 64. 1. 449), et 2 août 1875 (D. 76. 1. 260). — S'il s'agit au contraire d'une gestion d'affaires, l'article 1348 trouvera son application : les règles de la preuve écrite recevant exception en matière de quasi-contrat, la preuve testimoniale et les présomptions seront admises, quel que soit le chiffre de la réclamation.

Arrivons au mandat tacite; pour celui-ci, impossibilité absolue, à raison même de sa nature, de s'en procurer une preuve écrite; on ne pourra donc que prouver des faits qui le suppose, et s'en rapporter à de simples présomptions. C'est justement par les contradictions que nous allons trouver à propos de ce mandat que nous le combattrons : s'il existait en réalité entre le notaire et le client, et s'il n'avait pas été supposé ici pour les besoins de la cause, on devrait trouver quelque part des principes stables en déterminant la nature et la preuve. Au contraire la doctrine offre sur ce point une division qui n'a d'égale que celle de la jurisprudence. Ainsi dans une première opinion on distingue selon que le prétendu mandat tacite porte ou non sur un intérêt supérieur à 150 francs. Dans le premier cas, qui est le plus fréquent, la preuve par écrit doit être exigée, et la preuve testimoniale ne peut être admise que s'il y a un commencement de preuve écrite. Labbé, note précitée ; Aubry et Rau, VIII, 762 ; Laurent, XIX, 407 et 421.

Quant à la jurisprudence, ses variations sont infinies ; nous examinerons dans notre seconde partie quelques-uns des arrêts les plus importants rendus en cette matière. Nous ne voulons indiquer ici que la contradiction manifeste qui existe entre les décisions de la Cour de cassation. C'est ainsi qu'elle juge que le mandat tacite doit toujours être prouvé par écrit au-dessus de 150 francs. 30 juin 1852 (S. 52. 1. 560) ; 7 décembre 1868 (S. 69. 1. 160) et 2 août 1875 (D. 76. 1. 260). Et s'il y a un commencement de preuve par écrit, le mandat ne peut être établi que par présomptions graves, précises et concordantes. 2 août 1875, précité, et 23 avril 1877 (S. 78. 1. 399). Le commencement de preuve par écrit pourrait résulter d'un interrogatoire du notaire sur faits et articles. 23 août 1864 (S. 64. 1. 449. Mais, d'autre part, elle considère l'existence d'un mandat tacite comme une question de fait souverainement tranchée par les tribunaux, et il ressort de ses décisions que tout moyen de preuve peut être admis, et que le mandat tacite peut s'induire des circonstances. 21 mars 1855 (S. 55. 1. 625) ; 14 janvier 1856, 19 mars et 22 avril 1856 (S. 57. 1. 209, les trois arrêts) ;

18 août 1873 (S. 74. 1. 169); 15 décembre 1874 D. (75. 1. 453); 28 avril 1875 (D. 77. 1. 223); 29 décembre 1875 (D. 76. 1. 149); 22 novembre 1876 (D. 77. 1. 150).

En présence d'une doctrine et d'une jurisprudence aussi peu concordantes, il ne nous paraît pas possible d'admettre que l'existence d'un mandat tacite ait été prouvée entre le notaire et le client, et nous nous bornons à renvoyer à ce que nous avons dit précédemment au sujet de la gestion d'affaires : le notaire a tout intérêt à n'agir qu'en vertu d'un mandat formel, intérêt au point de vue du salaire, intérêt au point de vue de la tranquillité, et ce n'est pas au moment où les recours se multiplient jusqu'à l'abus contre cette corporation que ses membres risqueraient à plaisir leur situation quand d'autres moyens plus avantageux s'offrent à eux.

Nous considérons donc le mandat tacite et la gestion d'affaires comme très rares, et s'il est de toute justice d'appliquer aux notaires dans toute leur rigueur les règles du mandat lorsqu'il est prouvé, encore faut-il que cette preuve soit fournie d'une façon sérieuse et qu'on ne se borne pas à tirer un semblant de preuve de présomptions ou de circonstances que chacun peut interpréter à son gré.

C'est surtout en matière de placements hypothécaires que les tribunaux font les applications les plus nombreuses de cette théorie. En effet, le capitaliste qui, en faisant un prêt hypothécaire, a pensé se procurer un placement de tout repos, et dont les espérances sont déçues lors de la réalisation du gage, cherchera à faire retomber la perte qu'il a subie sur le notaire auquel il a eu recours pour l'acte de prêt, en lui reprochant soit d'en

avoir été le négociateur, soit de l'avoir imprudemment conseillé, soit même de ne pas l'avoir déconseillé en lui signa-
lant l'insuffisance des garanties offertes par l'emprunteur. De
toute les questions qui intéressent le notariat, celle-ci est certainement la plus grave à cause du contre-coup des décisions judiciaires dans le patrimoine des notaires, et des catastrophes qui
résultent souvent des lourdes responsabilités que les tribunaux
font libéralement peser sur cette corporation.

SECTION II

DES PRÊTS HYPOTHÉCAIRES.

Il faut en cette matière distinguer le rôle purement instrumentaire du notaire de celui d'homme d'affaires qu'il a
pu prendre par l'acceptation du mandat exprès, auquel la
jurisprudence adjoint le mandat tacite et la gestion d'affaires.

§ 1. Lorsque le notaire s'est borné à revêtir de l'authenticité
les conventions des parties, que celles-ci ont tout conclu, tout
débattu entre elles, il est resté dans ses fonctions publiques, et
les règles énoncées au chapitre précédent lui sont applicables.
Trib. Lyon, 9 janvier 1891 (*Moniteur de Lyon*, 14 février 1891).
On peut donc poser en principe que, si un notaire s'en est tenu
exclusivement au rôle à lui fixé par la loi du 25 ventôse an XI,
article 1, on ne saurait lui imputer les conséquences préjudi-
ciables du fait juridique qu'il a plu aux parties de lui faire cons-

tater, faute de pouvoir invoquer une faute professionnelle qui en réalité n'existe pas. La jurisprudence, peu suspecte d'indulgence à l'égard des notaires, sait pourtant elle-même reconnaître à l'occasion qu'un notaire ne répond pas d'un placement de fonds, quand il n'a fait que constater les conventions préexistantes des parties (Lyon, 31 mai 1844 (D. 45. 2. 461), quand il a joué un rôle purement instrumentaire) (Cassation, 6 juillet 1870 (D. 71. 1. 145) et Lyon, 4 mars 1876 (D. 76. 1. 399).

Il ne serait pas non plus responsable de la solidité du placement, bien qu'il l'ait conseillé, s'il a agi de bonne foi et que le contrat soit l'œuvre exclusive des parties ; car il ne rentre pas dans ses fonctions professionnelles de s'assurer de cette solidité aux lieu et place des parties intéressées. Il a été jugé en ce sens que le notaire n'est pas responsable d'un prêt fait dans son étude, lorsqu'il ne s'est pas constitué mandataire du prêteur, et que celui-ci a agi en toute connaissance de cause. Riom, 28 octobre 1888 (D. 89. 2. 279) ; Cassation, 20 octobre 1891 (D. 93. 1. 170 (deux arrêts), et 13 juin 1893 (D. 93. 1. 447) ; surtout s'il s'est borné à remettre au prêteur une estimation faite par expert de la valeur vénale des biens offerts en gage, et à constater ensuite par acte authentique les conventions des parties. Riom, 13 décembre 1890 (D. 92. 2. 227). Si le conseil ou l'indication fournis se trouvaient inexacts par suite d'une erreur de droit, il n'en doit pas être rendu responsable. Cassation, 6 juillet 1870 (D. 71. 1. 145) et Bordeaux, 6 février 1875.

Jusqu'ici nous nous associons volontiers à l'opinion généralement suivie, mais voici où commencent les difficultés.

On prétend, d'après une jurisprudence constante (Cassation

3 août 1858 (D. 58. 1. 374); 16 août 1865 (D. 66. 1. 11); 11 mai 1891 (D. 92. 1. 215) et 19 juillet 1892 (D. 93. 1. 151); Lyon, 19 janvier 1894 (D. 94. 2. 517), que si le rôle purement proféssionnel du notaire ne comprend pas l'obligation de vérifier la valeur du gage, il comprend l'obligation de se renseigner et de renseigner le client sur l'origine de propriété et les charges hypothécaires des immeubles affectés au prêt. Le notaire aurait le devoir de déclarer ce qu'il peut ou doit savoir et toute réticence sur ce point constituerait un dol ou une faute lourde équivalente au dol. Ce serait une faute par omission. Or, la faute par omission, constitutive d'un délit ou d'un quasi-délit, ne peut résulter d'une abstention quelconque, si préjudiciable qu'elle soit, mais seulement d'une abstention réellement illicite, comme violant l'obligation légale dont elle suppose l'existence. Larombière, *Obligations,* 1382-1383, n° 6; Demolombe, *Obligations*, t. VIII, 479. Y a-t-il donc une obligation légale, pour le notaire qui reçoit un acte de prêt, d'éclairer le prêteur sur l'insuffisance des garanties offertes par l'emprunteur?

Un arrêt de la Cour de Poitiers du 24 mai 1886 (D. 87. 2. 183) croit pouvoir poser en principe que « le notaire n'est pas seulement institué pour recevoir les conventions des parties », mais qu'il « doit également éclairer ses clients sur les conséquences des actes qu'ils consentent et suppléer à leur inexpérience ». En ce sens l'arrêt de Paris, 3 août 1858, précité; Paris, 2 mai 1860 (D. 61. 2. 65); Nancy, 23 avril 1864; Aix, 28 avril 1870 (D. 72. 2. 79); Bourges, 22 août 1877; Agen, 28 janvier 1891 (D. 92. 2. 72); la même opinion se trouve exprimée dans les motifs d'arrêts d'Alger, 6 juillet 1866, Paris,

11 novembre 1884 et enfin Cassation, 6 juin 1894 (D. 94. 1. 359).

On comprend immédiatement la gravité des conséquences d'une conception qui rend les notaires responsables de toute faute commise dans une tâche aussi délicate par légèreté, imprudence ou impéritie. Quel est l'homme auquel on a la certitude de recourir à coup sûr? L'avocat ne répond pas des procès dans lesquels il engage ses clients, peut-être inconsidérément et dans son propre intérêt. Il est certain qu'il y a des avocats légers et téméraires; mais de là à incriminer tous les avocats, il reste une grande marge, et la franchir serait s'attirer et avec raison les foudres de l'ordre tout entier. Et cependant nous ne ferions qu'appliquer au barreau les principes d'appréciation qu'il est de bon ton d'appliquer aux notaires. Ainsi l'avocat, l'avoué, peuvent fourvoyer leur client : l'absence de faute et la bonne foi, qui se présument largement, les couvriront sans l'ombre d'un doute. Les médecins ne sont pas non plus responsables des erreurs, combien nombreuses! qui envoient leurs patients dans un monde meilleur. Mais contre les notaires, l'arbitraire reprend ses droits; ils devront être infaillibles, avoir le don de seconde vue; sinon ils seront en faute et de mauvaise foi. Pour eux point de milieu. Le client n'est plus qu'un pauvre être incapable de se guider lui-même, il lui faut un soutien, un auxiliaire qui pense, voie, et agisse pour lui, et se substitue à lui pour endosser toutes les conséquences fâcheuses de ses actes; et pour arriver à un si beau résultat, on ne regarde pas à puiser au hasard des règles dans le mandat, la gestion d'affaires et les quasi-délits.

Encore faudrait-il que cet échafaudage s'appuyât sur une apparence de fondement ; or autre chose est établir cette commode théorie, autre chose la justifier.

Peut-on en trouver le principe dans la loi ? Non assurément, puisque d'après leur loi organique les notaires sont établis pour recevoir des actes, les conserver et en délivrer des expéditions (art. 1 de la loi du 25 ventôse an XI) et pas pour autre chose.

Il ne nous paraît pas plus sérieux d'invoquer avec un arrêt de Rouen, 21 janvier 1841, les motifs qui auraient déterminé l'adoption de cette loi organique. Le conseiller Réal a pu qualifier les notaires de « conseils désintéressés des parties, leur faisant connaître toute l'étendue des obligations qu'elles contractent », et le tribun Favard, de « confidents de toutes les pensées de leurs concitoyens, régulateurs des engagements qu'ils veulent contracter ». S'il est certain que c'est ainsi que les notaires se comportent souvent, et qu'ils aient pu dès lors être envisagés dans le rôle qu'ils remplissent le plus ordinairement par des orateurs qui voulaient montrer toute l'importance pratique du notariat, il n'en résulte pas nécessairement qu'on ait entendu leur imposer à ce point de vue un mandat strictement légal. En tout cas le texte de la loi ne le dit pas. Or les textes ne se suppléent pas dans une matière aussi importante, et l'équivoque d'une disposition législative profite toujours à ceux qu'elle ne peut obliger qu'à la condition d'être claire ; c'est l'application de la règle « *lex obscura non obligat* ».

Si donc, comme on est obligé de le reconnaître, le texte même de la loi du 25 ventôse an XI, est demeuré complètement muet sur l'existence d'une prétendue obligation pour les notaires de diriger les parties dans les opérations et spécialement dans les placements hypothécaires dont elles jugent à propos de leur faire authentiquer la rédaction, l'existence de cette obligation (en admettant qu'une obligation légale puisse être sous-entendue) ne peut davantage s'appuyer sur les précédents de l'ancien droit français en cette matière, qu'il s'agisse des commentateurs ou de la loi des 29 septembre-6 octobre 1791.

Comme il fallait à toute force justifier cette théorie, un auteur ingénieux, Laurent, *Principes de droit civil*, XX, 511, faute de pouvoir s'appuyer sur la loi même, fit résulter cette obligation de la convention qui intervient entre l'officier public et son client, convention de pure imagination, comme nous l'avons vu précédemment.

Il est bien certain que la convention pourrait ainsi ajouter à la loi elle-même, mais il n'est pas moins certain que l'obligation conventionnelle n'est pas moins de droit étroit que l'obligation légale. Le doute doit toujours profiter au prétendu débiteur. Or nous ne voyons résulter de la mission confiée à un notaire de dresser un acte d'autre obligation vis-à-vis de ceux qui ont recours à son ministère que de reproduire fidèlement leurs intentions dans cet acte. Il n'en faudrait pas conclure cependant qu'une réticence ne pourrait pas engager sa responsabilité. Le notaire, plus que tout autre, doit s'abstenir de tout dol, de toute surprise. S'il s'y laissait aller, il commettrait une faute délictuelle, et serait dès lors tenu de la réparer.

D'une façon générale, il faut considérer l'obligation de s'abstenir de tout dol comme formant, par la force des choses et sans que le législateur ait besoin de se prononcer formellement à cet égard, une obligation légale dont la violation constitue la faute par omission de l'article 1383 du Code civil.

Si un notaire a mal conseillé son client en lui faisant souscrire un prêt hypothécaire malgré l'insuffisance des immeubles grevés, encourt-il, à raison de l'imprudence par lui commise, la responsabilité des articles 1382 et 1383 du Code civil?

Pour ceux qui font aux notaires un devoir légal d'éclairer les parties sur les conséquences de leurs actes, cette responsabilité ne fait pas de difficulté. Bourges, 22 août 1877 (D. 78. 2. 163). Éloy, II, 744, dit : « Puisque cette obligation existe à l'égard du notaire qui n'a donné aucun conseil sur le placement, à plus forte raison existe-t-elle pour le notaire qui a usé de son influence pour le faciliter. »

Pour nous la solution demande plus de recherches. La responsabilité du notaire ne saurait faire de doute s'il a été de mauvaise foi, c'est-à-dire s'il a engagé son client dans un placement qu'il savait n'être pas bon. Cassation, 29 décembre 1847, D. 48. 1. 55. *Consilii non fraudulenti nulla obligatio est,* disait la loi 47, Digeste, *De regulis juris.*

Nous assimilons également sans difficulté au dol la faute lourde *quæ dolo æquiparatur,* ce qui arrivera dans les nombreux cas où le notaire a suggéré l'idée d'un prêt à une personne sans expérience et sans défense, quand en se rendant un compte même superficiel des garanties que présentait l'emprunteur il aurait dû s'abstenir d'un semblable conseil.

Mais si cette faute lourde n'existe pas, si l'erreur du notaire était excusable, sa bonne foi doit exclure la faute et par suite la responsabilité. Cassation, 16 juillet 1890 (D. 91. 1.335).

Au cas de conseil imprudent, la responsabilité du notaire soulève une grosse difficulté.

Pour les partisans de la doctrine de Laurent, XXVII, 360, qui fait tomber le conseil imprudent sous le coup des articles 1382 et 1383, il est logique que le notaire ne saurait échapper aux rigueurs de cette solution que lui applique d'ailleurs le même auteur, n° 373. Cassation 19 janvier 1892 (D. 92. 1. 454).

Nous croyons devoir sur ce point adopter la doctrine jadis exposée par Pothier, *Mandat*, 21, et développée par Aubry et Rau, IV, 635, et P. Pont, *Petits contrats*, n°s 834 et suivants. Et c'est un passage de ce dernier auteur qui nous servira de conclusion (n° 839) : « On peut dire, il est vrai, que par sa position même, par l'habitude qu'il a des affaires, par les connaissances qu'il est présumé avoir, le notaire acquiert sur l'esprit du client une influence telle que celui-ci ne peut guère se défendre de la pensée de suivre le conseil que le notaire lui a donné. Mais la question n'est pas là, car l'argument ne saurait avoir plus de portée à propos de conseils émanés d'un notaire qu'il n'en aurait à l'occasion de conseils donnés par des personnes auxquelles leur situation relative permettrait aussi de l'opposer. Par exemple, au point de vue de la science, le conseil d'un professeur, d'un docteur en droit, serait autorisé tout autant, sinon plus, que celui d'un notaire ; et au point de vue de l'influence, le conseil du maître, du supérieur hiérarchique, etc., n'aurait pas moins d'action. Est-ce à dire que le professeur, le docteur, le maître soient plus que tous autres, et dans des conditions plus rigoureuses, responsables à l'occasion des conseils qu'ils auraient donnés? Assurément non ; et pourvu que le conseil ait été loyal, sincère, dégagé de tout calcul de mauvaise foi, celui qui l'a reçu, quelque motif qu'il ait de s'y conformer et de le suivre, sera incontestablement privé de toute action en réparation du préjudice que l'affaire aura pu lui causer ».

§ **2.** Nous ne nous sommes occupé jusqu'ici que des cas où le notaire n'était pas sorti du cercle de ses fonctions légales et s'était borné à accomplir un acte normal de son ministère. Nous arrivons aux cas où le notaire a été le négociateur du prêt, l'intermédiaire entre le prêteur et l'emprunteur. Ici encore nous soutenons contre l'opinion générale que le notaire n'est que très exceptionnellement responsable. Cela tient à ce qu'il est généralement le mandataire de l'emprunteur et très rarement celui du prêteur. Rouen, 16 novembre 1846 ; Orléans, 8 janvier 1870 (D. 71. 2. 68), et Cassation, 4 mars 1873 (D. 73. 1. 56); Cassation, 25 janvier 1887 (D. 87. 1. 473).

Or quel rôle joue le notaire dans les opérations qui préparent l'acte de prêt? Un individu vient le trouver et lui donne mandat de lui procurer un prêteur, en offrant une hypothèque, et de réunir, à cet effet, tous les renseignements de nature à rassurer le futur prêteur sur l'avenir de l'affaire. Pour exécuter ce mandat, le notaire réunira toutes les pièces, tous les documents relatifs à l'origine de propriété et aux charges dont est grevé l'immeuble donné en garantie. Puis il se rendra chez un capitaliste qu'il sait ou suppose avoir des fonds disponibles. Et alors intervient entre le futur prêteur présent, et le notaire, mandataire du futur emprunteur absent, un contrat innommé qui est au prêt ce que les fiançailles sont au mariage. Ce contrat innommé a pour objet de décider éventuellement que l'opération est acceptable et opportune pour les deux intéressés, conformément aux conditions de taux, de terme et de garantie proposées de part et d'autre.

Dans ces opérations préliminaires, la personnalité du notaire disparait vis-à-vis du prêteur, et il serait impossible d'y trouver la moindre base juridique d'un recours en responsabilité. Inutile d'ajouter que cette base n'existera pas davantage dans le prêt ultérieurement réalisé, car le notaire exerce alors purement et simplement son ministère et n'est plus responsable que de l'acte même et non de ses suites. C'est bien ainsi que les choses se passent la plupart du temps.

Mais ceux qui voient dans le notaire le répondant légal de tous les emprunts ne peuvent être satisfaits de cette conclusion, et demandent s'il n'existe aucun recours contre le notaire. Nous n'allons pas jusqu'à soutenir qu'il n'en existe aucun, mais nous n'accordons que les recours qui viennent de la loi.

Le prêteur pourra invoquer l'article 1997 du C. civ., en vertu duquel il y aura à prouver — car en cette matière délicate comme en toute autre, il faut prouver — que le notaire mandataire n'avait reçu de l'emprunteur qu'un mandat limité à certains points et qu'il est responsable de ce qu'il a fait au delà de ses pouvoirs.

Le prêteur pourra encore prouver que le notaire s'est porté caution soit de la vérité des assertions formulées au contrat innommé, soit du prêt lui-même (art. 2014, C. civ.). On pourrait croire que cette garantie ne se rencontre plus depuis

que l'ordonnance du 4 janvier 1843, art. 12, 6°, a interdit aux
notaires « de se constituer garants ou cautions, à quelque titre
que ce soit, des prêts qui auraient été faits par leur intermédiaire ». Le rédacteur de cette disposition semble en effet
s'être inspiré de cette double pensée : La fortune des notaires
ne doit pas être engagée dans des spéculations qui leur sont
étrangères; d'autre part, s'il leur est permis de servir d'intermédiaire entre deux clients pour le prêt qu'ils se pro-
posent de contracter, ils ne se constituent pas par cela seuls
garants du prêt. — L'objection serait sérieuse s'il s'agissait
d'une véritable disposition législative. Mais supposer n'est
pas disposer; et ce serait exagérer la portée d'une simple
« Ordonnance relative à l'organisation des chambres de notaires
et à la discipline du notariat » que d'en faire résulter l'abrogation
des principes les plus essentiels du Code civil. Cette disposition
n'a pour sanction que des peines disciplinaires et non la nullité
des engagements contractés par le notaire vis-à-vis de ses
clients.

Si donc le conseil donné par le notaire avait été accompagné
de promesses de garantie telles qu'elles eussent dû déterminer
le prêteur à risquer ses fonds, la responsabilité pourrait avoir
lieu; seulement il faudrait alors que le prêteur eût dû suivre la
foi du notaire plutôt que celle de l'emprunteur, en un mot, que
la garantie du notaire eût été sérieuse. Pagès, p. 103. En effet,
la responsabilité ne peut plus être mise en question quand le
notaire a pris l'obligation personnelle de garantir la solidité du
placement effectué par ses soins (mode de faire que les praticiens déplorent en général comme dénaturant la profession et

contribuant à favoriser le développement des idées funestes en matière de responsabilité). Bordeaux, 9 décembre 1841 ; Trib. Seine, 31 janvier 1843 ; Paris, 21 janvier 1845 ; Lyon, 3 juillet 1868 (D. 68. 2. 229) ; Rouen, 25 janvier 1876 ; Dijon, 28 décembre 1876, et Cassation, 7 janvier 1878 ; Paris, 5 février 1892 (D. 92. 2. 497).

Si le notaire est ordinairement le mandataire de l'emprunteur, il peut être aussi, dans certains cas, celui du prêteur. C'est lorsque celui-ci lui confie ses capitaux sans avoir en vue aucune opération particulière et sans s'inquiéter de l'usage qui en est fait [1], de telle sorte que le notaire décide souverainement, en fait et en droit, de l'opportunité des placements comme de leur valeur. Lyon, 4 mars 1876 (D. 77. 1. 399) ; Paris, 20 et 27 juillet 1874 ; Cassation, 13 août 1874 (D. 75. 1. 55).

Mais le fait seul du dépôt préalable des fonds ne suffirait pas si le notaire n'en avait pas moins proposé l'affaire au futur prêteur, comme nous l'avons dit plus haut. Le fait du dépôt n'a de rapport avec l'opération que s'il constitue le notaire mandataire, maître de décider à son gré de l'opportunité des placements, et qu'il use réellement de cette faculté, ce qu'il faut encore prouver. Dans ce cas, le notaire est bien le mandataire du prêteur, car il traite tout par lui-même sans avoir à transmettre à son mandant les offres de l'emprunteur. Le contrat innommé se réalise alors directement entre le futur emprunteur présent et le notaire, mandataire du futur prêteur absent. Cassation, 7 juillet 1872 (S. 72. 1. 388) ; 7 janvier 1878 (S. 78. 1. 176) ; 23 avril

---

[1] On peut dire du décret du 30 janvier 1890 ce que nous avons dit de l'ordonnance du 4 janvier 1843, qu'il se borne à compléter.

1875 (D. 77. 1. 223); 21 octobre 1885 (*Gaz. Pal.*, 85. 2. 621); Trib. Lyon, 21 décembre 1887 (*Gaz. Pal.*, 88. 1. 219); Rennes, 9 juillet 1834 (S. 35. 2. 105); Nîmes, 16 août 1870 (D. 72. 2. 531); Cassation, 2 mai 1892 (S. 92. 1. 304); Bordeaux, 12 février 1890 (*Gaz. Pal.*, 90. 1. 397); Lyon, 4 mars 1876 (S. 77. 2. 85); Cassation, 22 novembre 1886 (*Gaz. Pal.*, 87. 1. 83).

Comme ce cas n'est pas ordinaire, il importe de bien administrer la preuve du mandat. A ce sujet, remarquons que les mandats confiés à des notaires, même en dehors de leurs fonctions, mais pour des objets qui s'y rattachent, tels que les négociations d'emprunts, sont de leur nature salariés. Cassation, 13 mars 1866; Guillouard, *Mandat,* 12. Or, dans le prêt, qui salarie le notaire? Ce n'est jamais le prêteur. C'est donc une preuve indirecte que le notaire ne reçoit pas de mandat du prêteur.

Si nous résumons cette discussion, nous voyons que la responsabilité à raison d'un prêt dépend de l'existence d'un mandat.

Lorsque le notaire est resté dans les limites de ses fonctions légales, il n'y a pas de mandat.

S'il a servi d'intermédiaire entre les parties, en règle générale le mandat émane de l'emprunteur; ce n'est qu'exceptionnellement qu'il est conféré par le prêteur. En effet, nous croyons, contrairement à une jurisprudence nombreuse, qu'on ne saurait déduire la preuve d'un mandat donné par le prêteur au notaire, déjà mandataire de l'emprunteur, de ce fait que le prêteur aurait interrogé le notaire, aurait formulé les conditions et se serait adressé à lui pour avoir tous renseignements. Ces rapports peuvent constituer des pourparlers entre parties contractantes, mais non ajouter un nouveau mandat à un mandat déjà reçu.

Aller jusque-là, ce serait admettre que dans les conventions en général, toute condition posée, toute observation formulée, tout renseignement demandé par l'une des parties entraîne mandat conféré à l'autre! Le mandat n'existe donc guère de la part du prêteur, et ce n'est pas de ce côté qu'il devrait trouver une certitude de recours.

Mais supposons que ce mandat conféré par le prêteur existe réellement, qu'il soit prouvé; le notaire devient-il par cela seul responsable du prêt? C'est ce qu'on décide généralement contre lui, en n'envisageant que la malheureuse issue de l'opération. Nous soutenons qu'il n'en peut être ainsi, et que la responsabilité ne va pas sans la preuve d'une faute. Et nous nous appuyons pour ce faire sur un arrêt cité par les principaux auteurs qui ont eu à traiter cette question, et que tous commentent longuement et admettent comme principe, tout en citant immédiatement une série d'arrêts et de jugements où ce principe si équitable est manifestement violé. C'est de l'arrêt de la Cour de Lyon du 3 juillet 1868, affaire Clouet (D. 68. 2. 229), que nous voulons parler. « Il ne suffit pas, dit la Cour, de prouver que le notaire a indiqué ou même négocié le prêt sans que les parties aient été mises en présence, qu'il l'a dit suffisamment sûr, qu'il a servi d'intermédiaire pour le paiement des intérêts, conformément à la clause habituelle d'élection de domicile des parties en son étude, reçu enfin des honoraires doubles de ceux que l'usage attribue aux notaires simples rédacteurs de l'acte. Ce rôle de mandataire étant établi, il faut encore prouver ou qu'il a cautionné l'emprunteur, ou qu'il a commis une faute dans la négociation. Si la preuve d'un cautionnement n'est pas faite par écrit, ou s'il n'en existe pas au moins un commencement de preuve par écrit (ce qui est d'autant plus nécessaire que ce cautionnement est interdit aux notaires), si, d'autre part, le notaire a pu croire sans témérité ni impéritie à la suffisance du gage hypothécaire, eu égard à sa valeur apparente au moment du contrat, si le prêteur, mis d'ailleurs à même d'apprécier cette valeur, a prêté en pleine connaissance de cause, en stipulant même une prime motivée par le risque des conséquences du placement, le notaire ne saurait être rendu responsable ».

Quand donc le notaire est-il en faute? C'est une question de fait. Le mandat relatif à des points se rattachant au droit sera vraisemblable et se présumera facilement, par exemple, assurer au prêteur tout repos sur les titres de propriété ou sur son rang d'hypothèque. Cassation, 21 octobre 1885 (D. 86. 1. 403). L'existence de ce mandat une fois prouvée, la constatation de la faute ressortira facilement des faits. Au contraire on ne présumera jamais sans un concours de circonstances précises, graves et concordantes l'existence d'un mandat relatif à des points de fait, par exemple, vérifier exactement la valeur des biens offerts en hypothèque, parce que cette mission est sans rapports avec les fonctions notariales. Cassation, 7 janvier 1878 (D. 78. 1. 158). En effet la loi qui donne aux notaires qualité pour priser les meubles (art. 1 et 2 du décret du 17 septembre 1793, arrêtés du 12 fructidor an IV et du 27 nivôse an V) suppose que pour expertiser les immeubles il faut des hommes spéciaux (art. 302 et suivants du Code de procédure civile). Mais si par exception le notaire a réellement reçu et accepté mandat de vérifier la valeur des immeubles, quand sera-t-il en faute de ce chef?

Si nous abandonnons un instant le notaire pour examiner autour de nous quelle incertitude règne sur les valeurs d'immeubles sujettes à des variations énormes résultant de causes multiples, nous remarquons qu'il n'existe aucun moyen précis de connaître ces valeurs avec exactitude. En effet l'expertise, qui se présente tout de suite à l'esprit, n'est pas parfaite, loin de là : les experts présentent de telles différences dans leurs calculs qu'il en doit être nommé trois décidant à la majorité des voix motivées, et dont la conclusion n'a pour le juge que la valeur d'un simple renseignement (art. 303, 318, 322, 323 du Code de procédure civile). La multiplication du revenu brut de l'immeuble par un coefficient fixe, déterminé selon les cas, donne des résultats encore plus inexacts. Cela tient à ce que ces deux procédés procèdent de règles générales, ne s'attachent qu'à la valeur intrinsèque de la chose, au mouvement quinquennal ou à d'autres éléments du même genre, mais ne tiennent pas compte des conditions économiques multiples et des circonstances locales ou passagères qui haussent ou baissent momentanément les valeurs. S'il y a eu de nombreuses ventes dans le pays dans un temps limité, s'il y a eu de nombreux partages, cet afflux d'offres va déterminer une baisse générale devant le petit nombre des demandes. On peut lire sur ce point un article très documenté de M. Tournier, notaire à Boulogne, sur *La Crise agricole et le Notariat,* dans la *Revue du notariat,* uin et juillet 1891. S'il n'y avait encore que ces causes assez générales et visibles, on pourrait s'en rendre compte ; mais bien des petites combinaisons cachées réagissent sur les ventes d'immeubles. Quelqu'un qu'on aurait pu croire amateur s'efface devant un ami qui lui rendra la pareille dans une autre occasion ; l'annonce de ventes prochaines détournera d'autres amateurs par l'espoir d'immeubles mieux situés ou d'un meilleur rapport.

Ces causes d'erreur et de dépréciation sont donc innombrables et nul n'y peut échapper. Cependant s'il est admis que la loi peut se tromper, que l'expert, le juge, l'avocat, le médecin, l'agent de change peuvent se tromper, s'il leur est permis de rejeter l'erreur sur la faillibilité de l'esprit humain (*errare humanum est*), les tribunaux n'ont pas hésité à exiger du notaire une clairvoyance, une sorte de seconde vue, qui mette le client à l'abri d'erreurs auxquelles il ne pourrait pas lui-même se soustraire.

Il n'est pas possible d'accepter une telle exception au droit commun. Pour rendre civilement responsable de la valeur d'un immeuble hypothéqué le notaire qui a accepté le mandat de la vérifier, l'existence d'une faute doit être prouvée. En effet, selon la disposition formelle de l'article 1992 du Code civil, le mandataire répond non seulement de son dol, mais encore de ses fautes, c'est-à-dire de ses imprudences ou de ses négligences, d'ailleurs absolument compatibles avec la bonne foi. Le notaire chargé de négocier un prêt hypothécaire est soumis à cette règle générale ; et s'il est jugé avec d'autant plus de sévérité que son titre le recommande plus particulièrement à l'attention des parties, toujours est-il qu'il faut pour le condamner que sa faute soit prouvée. Quand le sera-t-elle ?

Il faut d'abord écarter les cas de force majeure, fait du prince, incendie, inondation, défaut d'entretien, crise foncière etc. Tout le monde reconnaît qu'il ne saurait être question d'évaluer le gage lors du recours en garantie, mais bien au début de l'affaire, au moment où le mandat a été exécuté. Bordeaux, 13 juillet 1874 (D. 75. 2. 197) et Cassation, 28 avril 1875 (D. 77. 1. 223); Trib. Seine, 4 décembre 1877 (D. 78. 3. 16); Cassation, 7 janvier 1878 (D. 78. 1. 158); 30 mai 1881 (D. 81. 1. 414); Poitiers, 11 novembre 1889 (D. 90. 2. 298); Bordeaux, 12 février 1890 (D. 91. 2. 47). On ne peut en effet exiger d'un homme quel qu'il soit une prévoyance au-delà des forces humaines. Le notaire ne peut donc se voir imputer ces dépréciations résultant d'événements imprévus; toutefois nous reconnaissons que pour les risques susceptibles d'être couverts par une assurance, il devait s'assurer de l'existence d'une police d'assurance en règle. Cette police est en effet destinée à garantir à la fois le créancier hypothécaire et le propriétaire, puisqu'aux termes de la loi du 19 février 1889, art. 2 et 3, les indemnités dues à l'assuré sont déléguées aux créanciers privilégiés ou hypothécaires.

D'autre part, le prix auquel les immeubles pourraient être réalisés ne peut fournir qu'un élément d'erreur dans l'appréciation de la faute du notaire, car, en très peu de temps, des immeubles (par exemple en Champagne, des vignes) ont été adjugés volontairement plusieurs fois et avec d'énormes différences de prix. Quant à la vente sur saisie, elle est toujours accueillie avec grande défaveur : les frais élevés, les formalités et les déplacements qu'elle entraîne sont mal vus du public et éloignent les amateurs.

Le prix de vente ne pouvant être un élément d'appréciation de la faute du notaire, où la chercherons-nous?

Elle existera, quand le notaire ne se sera pas assuré avec soin de la valeur des biens à l'aide des moyens à sa portée. Elle existera, lorsque le notaire aura procédé à la légère, et, par suite de renseignements insuffisants, constaté des valeurs manifestement hors de proportion avec les immeubles ; mais s'il a exécuté consciencieusement son mandat, s'il a groupé tous les éléments nécessaires, la valeur fût-elle inexacte, il n'en serait pas responsable. Car il n'a pas mandat de fixer une valeur, mais de grouper des bases d'appréciation, dont cette valeur se déduira approximativement, mais logiquement. La comparaison des prix de ventes rapprochées, la situation de l'immeuble, ses commodités, la possibilité de l'améliorer ou d'en transformer la nature sont autant d'éléments qu'il aura à recueillir. Mais s'il commet des erreurs dans l'appréciation de ces renseignements, erreurs qui se répercutent sur l'estimation qu'il présente, ces erreurs ne sont pas des fautes. Il est possible à chacun, avec la meilleure foi du monde, de considérer comme durable une crise passagère ou, à l'inverse, de traiter de fluctuations passagères les symptômes d'une crise véritable. Si on peut acquérir la science dans ses obligations professionnelles, personne ne peut acquérir une faculté de jugement qu'il n'avait pas en naissant.

Admettons cependant que cette valeur déterminée aujourd'hui soit exacte ; il peut se faire qu'elle varie dans un temps rapproché, que le chiffre d'aujourd'hui soit un des points d'une progression incessante de 0 à un maximum inabordable, et inversement : qui pourra en déterminer la limite ?

La plus grande prudence doit donc être observée en ces délicates et redoutables questions : et la responsabilité du notaire ne devra être prononcée que lorsque c'est par une faute à lui imputable que l'on s'est fondé sur une valeur fictive en désaccord absolu avec la valeur réelle.

Nous avons voulu parler d'abord du mandat conféré par le prêteur; reprenons maintenant l'hypothèse ordinaire du mandat conféré par l'emprunteur.

Dans ce cas, c'est l'emprunteur qui donne mandat au notaire de traiter en son nom avec le prêteur, de s'assurer de l'origine de propriété, du rang d'hypothèque, de tous les moyens de tranquilliser le prêteur, de vérifier toutes les pièces, et d'en faire part à ce dernier. Il est évident que si l'emprunteur était lésé par les agissements du notaire, et qu'il y eût intérêt, il pourrait agir contre son infidèle mandataire. Mais à qui pourra s'en prendre le prêteur si l'hypothèque a été fournie sur un bien dont l'emprunteur n'était pas propriétaire, ou si elle était primée par d'autres qu'on lui avait laissé ignorer? Nous soutenons que le notaire n'ayant agi que comme mandataire de l'emprunteur, c'est à ce dernier seulement que le prêteur pourra demander réparation du dommage qu'il subit. En face d'une jurisprudence qui s'affirme tous les jours plus rigoureuse, et si nous procédons par analyse, nous prétendons trouver dans notre prêt les opérations suivantes :

1° Mandat donné par le futur emprunteur au notaire et accepté par celui-ci;

2° Pourparlers et contrat innommé intervenu entre le futur prêteur présent, et le notaire mandataire du futur emprunteur absent; (ces deux éléments déjà vus).

3° Stipulation pour autrui faite par le futur emprunteur au

profit du futur prêteur, ladite stipulation formant la condition du mandat conféré au notaire par l'emprunteur dans son intérêt personnel ; cette stipulation pour autrui, conforme aux prescriptions de l'article 1121 du Code civil, oblige le notaire, en cas d'acceptation de la proposition d'emprunt dont il est chargé, à fournir au prêteur toutes les garanties de droit qu'il lui a offertes comme mandataire du futur emprunteur. Sur les garanties de droit cette stipulation se comprend facilement, étant donnés l'aptitude du notaire aux choses du droit et l'intérêt évident qu'y a l'emprunteur. — Mais elle ne saurait exister sur les questions de fait, telles que la détermination de la valeur vénale, et voici pourquoi : les renseignements sur la valeur de l'immeuble seront, en effet, fournis au prêteur par le notaire au moment des pourparlers du contrat innommé (2°), en vertu de son mandat (1°) et au nom de l'emprunteur. C'est au prêteur à voir quel cas il devra faire de ces indications. Le notaire n'a plus lieu d'intervenir sur ce point en une autre qualité : il restera mandataire de l'emprunteur jusqu'à la réalisation du prêt et ne peut devenir celui du prêteur. Une stipulation pour autrui en faveur du prêteur n'aurait d'ailleurs pas de raison d'être, puisque l'emprunteur connaît mieux que personne la valeur de son bien, et qu'il la fait communiquer directement en son nom ; il n'y trouverait guère son intérêt, étant donnée la tendance du propriétaire à exagérer la valeur de son bien. Charger le notaire de réunir des renseignements qui amèneraient un chiffre de beaucoup inférieur à celui de son évaluation serait peu habile de la part de l'emprunteur, et on ne peut lui prêter une intention aussi nuisible à ses intérêts. Au reste rien n'empêche l'emprunteur d'offrir spontanément au prêteur tous éléments d'appréciation. Mais dans tous les cas le prêteur est toujours libre d'accepter les renseignements ainsi fournis ou d'en demander de plus étendus.

Il n'en est pas de même pour les vérifications de droit; le prêteur peut être illettré, manquer de temps ou de capacité pour étudier ces questions souvent compliquées, qui remontent souvent très loin et qui rentrent très bien au contraire dans les facultés du notaire : la meilleure preuve, de cette aptitude est le droit accordé par la loi aux notaires de délivrer des certificats de propriété;

4° et dernière opération, rédaction d'un acte notarié. Si nous récapitulons :

— Première opération — mandat — le notaire mandataire de l'emprunteur n'est responsable de son mandat que vis-à-vis de lui ;

— Deuxième opération — contrat innommé — le notaire s'efface devant l'emprunteur, son mandant, sauf l'application des art. 1997 et 2014, C. Civ. ;

— Troisième opération — stipulation pour autrui — la responsabilité du notaire vis-à-vis du prêteur est celle de l'art. 1137 C. civ. (engagements sans convention).

— Quatrième opération — rédaction d'un acte notarié — application pure et simple de la responsabilité du fonctionnaire public.

Cet exposé serait imparfait et ne satisferait pas l'esprit sans une vue d'ensemble qui formera la synthèse de nos opinions sur le sujet compliqué du prêt hypothécaire.

S'il s'agit d'un prêt conclu et arrêté entre les parties, et que le notaire se borne à authentiquer, il n'encourt aucune autre responsabilité que celle attachée à tout acte de son ministère comme fonctionnaire public ; si sans pénétrer dans la négociation il a cru devoir donner des conseils, il ne sera, conformément au droit commun, responsable que de son dol, de sa faute lourde ou de ses réticences frauduleuses.

Si le prêt est en partie l'œuvre du notaire, il peut toujours être responsable de la situation juridique assurée au prêteur ; soit en vertu d'une stipulation de l'emprunteur au profit du prêteur, cas le plus fréquent, soit comme mandataire du prêteur. Et dans ce dernier cas le notaire pourrait encore être responsable de la faute commise dans la recherche des renseignements qu'il a mission de fournir en vue d'établir la valeur des biens à hypothéquer. Il n'en peut être de même en cas de mandat de l'emprunteur.

La faute sera facile à prouver en ce qui concerne les vérifications de droit, mais très difficile à constater dans le cas très exceptionnel de mandat relatif à des vérifications de fait.

Dans tout ceci nous n'avons pas trouvé place pour une gestion d'affaires. En effet, il est d'abord peu conforme à la dignité du notaire d'aller offrir ses services à deux personnes dont l'une cherche à emprunter et l'autre à placer ses fonds. Mais si cela arrivait, il y aurait mandat et non gestion, car la première personne à laquelle le notaire s'adresserait lui conférerait aussitôt mandat par le seul fait d'accepter ses services.

Quant à dire que le notaire, pour donner satisfaction au prêteur, après lui avoir offert l'emprunt demandé par celui-ci, gère spontanément ses affaires en lui fournissant toutes garanties de droit et de fait, cela ne peut se soutenir sérieusement. Ce serait un embrouillement de gestion d'affaires du prêteur adjoint à un mandat de l'emprunteur, ce qui en fin de compte ferait du notaire dans la même affaire le représentant des deux parties, dont les intérêts sont opposés.

Nous l'avons déjà dit, le notaire a tout intérêt à user du mandat, pécuniairement et moralement, tandis que la gestion d'affaires ne peut être pour lui qu'une source de pertes et d'ennuis.

Le but de cette analyse du prêt hypothécaire négocié par le notaire était d'écarter tous les faux principes, qui ont tout embrouillé dans une matière aussi délicate, pour ne conserver que les cas où la responsabilité du notaire ne nous paraît pas contestable. Ce n'est certainement pas notre voix qui amènera un changement dans les procédés en usage actuellement contre ces notaires dont tous se plaignent, mais auxquels personne ne manque de recourir quand on désire un placement de père de famille, sans aléas, à long terme, et à gros intérêts. Aussi ne pouvons-nous que nous associer à un projet de réforme du notariat, de date récente, dont l'auteur, M. Hug, notaire à Vaubécourt, voudrait que l'on favorisât les prêts hypothécaires en rendant aux notaires la confiance dont ils ont besoin pour se prêter à ce genre d'opérations. Ces placements étant incontestablement supérieurs au point de vue de la sécurité à tant de spéculations qui viennent si souvent de nos jours, grâce à une presse sans scrupules, soutirer l'épargne des gens simples et naïfs, sans leur offrir l'ombre d'une garantie, M. Hug émet donc le vœu d'une solution législative « déclarant le notaire responsable seulement quand l'acte d'obligation ne fournit pas au bailleur de fonds les éléments nécessaires pour contrôler la valeur et la sincérité du gage », et non dès lors par exemple « quand l'obligationrenfermerait la désignation parcellaire des biens affectés, un établissement de propriété régulier, une déclaration d'état civil et de situation hypothécaire conforme à l'état hypothécaire levé le même jour que l'inscription, et quand le bailleur de fonds concourra personnellement à l'obligation ». Nous voudrions en outre que l'application de cette disposition fût subordonnée à la condition d'une lecture préalable qui devrait en être faite aux parties avant la signature de l'acte de prêt. Ainsi, l'attention du prêteur ayant été spécialement attirée, on ne pourrait voir d'inconvénient à ce que le notaire fût mis, en vertu de considérations d'intérêt public, à l'abri de toute responsabilité, en réservant naturellement les cas où il aurait abusé de la simplicité du prêteur, car il devrait toujours répondre de son dol et de sa faute lourde assimilée au dol par une doctrine traditionnelle à raison de sa gravité.

SECTION III

DU MANDAT DONNÉ POUR L'ACCOMPLISSEMENT DE FORMALITÉS POSTÉRIEURES AUX ACTES.

C'est un point maintenant acquis en doctrine comme en jurisprudence que si le notaire est tenu de remplir lors de la rédaction de l'acte toutes les formalités extrinsèques nécessaires pour en assurer la validité, il n'est pas en principe tenu de remplir les formalités postérieures à l'acte, alors même qu'elles en seraient la conséquence nécessaire. Par suite, toujours en principe, le notaire n'est pas responsable de l'omission desdites formalités. Les notaires ne sont pas en effet les mandataires légaux des parties pour donner suite aux actes qu'ils reçoivent et accomplir les formalités de signification, d'inscription, de radiation ou de renouvellement d'inscription, de transcription, ou de purge, nécessaires non pour la validité de ces actes, mais pour la conservation des droits qu'ils confèrent. C'est l'opinion exposée par P. Pont. *Privilèges et hypothèques,* 937, et *Revue critique*, t. VII, p. 35 ; Laurent, XXVII, 361 ; Eloy, II, 806. 812. 854 ; Aubry et Rau, III, 270, note 15 ; Rutgeerts et Amiaud, III, n° 2, § 1317, 1348, 1350, 1358, 1376 ; Vergé, n°ˢ 214 et suivants et 224. Cassation, 14 juillet 1847 (D. 47. 1. 350) ; 14 février 1855 (D. 55. 1. 170) ; Amiens, 28 janvier 1863 ; Paris, 20 février 1864 ; Seine, 24 avril 1866 ; Aix, 10 août 1870 (D. 73. 2. 204) ; Paris, 4 août 1873 (D. 74. 2. 85) ; Toulouse, 24 mars 1879 (D. 79. 2. 244) ; Orléans, 18 janvier 1879 (S. 79. 2. 243) ; Limoges, 2 décembre 1885 et Cassation, 23 juin 1887 (D. 87. 1. 449) ; Riom, 23 octobre 1888 (D. 89. 2. 279) ; Pau, 26 mai 1890 (D. 91. 2. 110) et 20 juin 1892 (D. 93. 2. 161) ; Cassation, 18 janvier 1892 (D. 92. 1. 454) ; Montpellier, 30 juin 1890 (D. 91. 2. 181), et enfin Cassation, 22 février 1897, rejetant le pourvoi formé contre un arrêt de la Cour de Douai du 20 novembre 1895.

Ainsi le notaire n'est pas responsable de l'omission de la transcription d'un acte de vente ou de donation : Cassation, 4 juillet 1847 ; Pau, 20 juin 1892, et Amiens, 28 janvier 1863,

cités ; Lyon, 13 âout 1852 (D. 53. 2. 94) ; Aix, 10 août
1870 (D. 73. 2. 204) ; Trib. Saint-Calais, 19 mars 1897 ; de
la signification d'une session de créance : Toulouse, 24 mars
1879, Paris, 20 février 1864 et Trib. Seine, 24 avril 1868, cités ;
Alger, 9 novembre 1896 ; de l'inscription de privilèges et hypothèques : Orléans, 18 janvier 1879, Montpellier, 30 juin 1890,
Pau, 26 mai 1890 et 20 juin 1892, Cassation, 18 janvier 1892,
cités ; Orléans, 11 mars 1897.

Mais le notaire devient responsable de ces formalités lorsqu'il
a reçu des parties mandat exprès de remplir lesdites formalités ; seulement le client devra prouver ce mandat donné aux fins
de parachever l'acte, en assurant son efficacité ou en veillant à
la conservation des droits du client. C'est ainsi qu'il a été jugé
que la preuve du mandat donné au notaire ne saurait être fournie que conformément au droit commun, et spécialement que
la preuve par écrit doit être exigée en matière excédant 150
francs. Lyon, 18 juillet 1845 (D. 45. 2. 111) ; en tout cas, la
preuve par témoins et simples présomptions est admissible lorsqu'il y a un commencement de preuve par écrit. Cassation,
22 août 1864 (S. 64. 1. 449) ; 4 mai 1874 (D. 74. 1. 489) ; Douai,
25 août 1855 (D. 57. 2. 42). Cependant la preuve d'un manda
tacite pourrait résulter des circonstances de la cause et par suite
de simples présomptions ; c'est ce que nous ne pouvons admettre :
en notre sens, Cassation, 19 mars 1856 (S. 57. 1. 209) ; 19 août
1873 (S. 74. 1. 169) ; 15 décembre 1874 (D. 75. 1. 453) ; Douai,
25 août 1885 (D. 87. 2. 42) et 24 mai 1855 (S. 56. 2. 475) ;
Aix, 10 décembre 1881 (*Gaz. Pal.*, 82. 1. 190). Il a d'ailleurs
été jugé avec raison que le notaire n'est pas tenu de plein droit

d'assurer le renouvellement d'une inscription hypothécaire, et si dans l'intérêt de son client et pour essayer de sauvegarder ses droits, il a renouvelé tardivement cette inscription, il n'encourt aucune responsabilité. Trib. Montdidier, 26 décembre 1890 (*Droit*, 6 avril 1891).

Le notaire qui a accepté le mandat de remplir une formalité postérieure à l'acte est responsable de l'inexécution de ce mandat ou des fautes commises dans son exécution. Cassation, 22 août 1864 (D. 65. 1. 64); Aix, 10 mai 1870 (D. 73. 2. 204); Auxerre, 14 mars 1889 (*Gaz. Pal.*, 89. 1. 829). En conséquence sera responsable le notaire qui a accepté mandat de faire inscrire ou renouveler une hypothèque et qui manque à cette mission : Cassation, 22 août 1864, précité; 15 décembre 1874 (S. 75. 1. 212); Limoges, 2 décembre 1885 et Cassation, 23 juin 1887 (D. 87. 1. 449); Cassation, 9 juillet 1890 (D. 91. 1. 381); Dijon, 28 octobre 1892 (D. 93. 2. 205); — le notaire qui néglige de faire inscrire le privilège du copartageant, alors qu'il avait reçu mandat à cet effet : Pau, 26 mars 1890, et Montpellier, 30 juin 1890 (D. 91. 2. 110 et 181); — le notaire qui néglige de faire transcrire une acquisition : Aix, 10 août 1870 (D. 73. 2. 204); Cassation, 18 août 1873 (D. 74. 1. 224), ou qui oublie de faire radier une hypothèque dans l'intérêt de l'acquéreur d'un immeuble : Paris, 20 février 1889 (D. 91. 2. 183); — de même si chargé de faire inscrire une hypothèque il se trompe et la fait inscrire dans un bureau autre que celui de l'immeuble hypothèqué, il doit réparer le préjudice causé par sa faute: Cassation, 25 novembre 1872 (D. 73. 1. 134); Paris, 26 janvier 1872 (D. 72. 2. 121), — ou si le bordereau contient une erreur

de nom : Trib. Joigny, 17 mars 1859 (D. 59. 3. 46); de même
pour irrégularité de signification d'un transport résultant de sa
faute : Cassation, 4 mai 1874 (D. 74. 1. 489).

SECTION IV

DU DOMICILE ÉLU EN L'ÉTUDE D'UN NOTAIRE.

On a bien des fois déjà en doctrine et en jurisprudence eu à
s'occuper de la situation du notaire dans l'étude duquel les parties avaient élu domicile pour les suites de leur acte. Bien que
la jurisprudence voie toujours dans cette élection la preuve d'un
mandat donné au notaire, nous croyons avec la majorité des
auteurs qu'il faut distinguer selon que le notaire a connu et
accepté cette élection, ou selon qu'elle a eu lieu à son insu.
Aubry et Rau, I, 146, note 25; Demolombe, *Domicile*, 372,
Rutgeerts et Amiaud, III, 1386.

Le notaire n'est pas en principe obligé de faire parvenir aux
intéressés les actes qui seraient signifiés en son étude, alors
même que les parties y auraient élu domicile; mais il en est
autrement, et le notaire est tenu de transmettre à la partie les
significations déposées en son étude, lorsqu'il a accepté ce mandat, par exemple en laissant figurer cette élection dans les
clauses de l'acte. Angers, 19 mars 1879 (D. 82. 1. 100); Bordeaux, 3 décembre 1885 (*Gaz. Pal.*, 86. 1. 718); Cassation,
1er mars 1886 (D. 86. 1. 457); Montpellier, 4 juillet 1888 (*Gaz.
Pal.*, 88. 2. 532); Cassation, 24 janvier 1887 et 2 août 1887
(D. 88. 1. 156).

En acceptant cette élection de domicile, le notaire ne reçoit d'autre mandat et n'accepte d'autre obligation que de faire parvenir en temps utile au créancier les pièces qui pourraient être signifiées au domicile élu, sans avoir à s'occuper de la production qu'il y a lieu de faire à l'ordre. Douai, 20 février 1892 (D. 92. 2. 481). Mais bien que l'acceptation tacite du mandat dont il s'agit puisse se présumer plus facilement de la part d'un officier public que de la part d'autres personnes (Rennes, 25 février 1892), il n'est pas possible d'admettre qu'un notaire puisse, par le seul fait qu'une personne a jugé à propos d'indiquer, à son insu et sans son consentement, une élection de domicile en son étude, être considéré comme chargé d'une espèce de mandat, et par conséquent tenu de faire dans l'intérêt de cette personne des recherches, démarches, envois de pièces, etc. C'est ce qui est affirmé très nettement dans deux arrêts dont les motifs sont les mêmes, Paris, 6 mai 1872, et Douai, 23 novembre 1892 : « L'élection de domicile faite pour la validité de l'inscription hypothécaire en l'étude d'un notaire étranger à l'affectation hypothécaire, sans son aveu et à son insu, ne peut devenir à sa charge le principe d'un mandat. Si le notaire envoie au créancier la sommation à ce dernier de prendre communication du cahier d'enchères sur saisie, il ne le fait que par un bon vouloir tout gratuit. Le renvoi de la lettre et son retour à l'étude ne peuvent avoir pour effet d'obliger le notaire à des recherches et démarches ultérieures ». Le mandat ne saurait donc être présumé accepté par le seul fait que la copie a été acceptée à l'étude du notaire ; il n'existe en effet aucun moyen légal pour une personne à qui elle est destinée de refuser une copie d'exploit qui lui est régulièrement signifié. En conséquence, le notaire n'est pas responsable du défaut de transmission de l'acte à l'intéressé. Trib. Toulouse, 19 mars 1889 (*Gaz. Midi*, 31 mars 1889); *Contra* Nancy, 28 mai 1892, que nous examinerons dans notre critique de la jurisprudence.

Le mandat étant prouvé par l'acceptation de l'élection faite en son étude, le notaire doit dès lors être responsable de son inexécution. Ce sera à lui à prouver que le mandat a été bien rémpli. Et cette preuve devra être faite conformément aux règles des art. 1341 et suivants. En effet, le notaire ne peut invoquer l'art. 1348, car il s'agit ici non d'un fait pur et simple qui ne pouvait être constaté par écrit, mais d'un acte dont la réalisation pouvait être accompagnée d'une preuve littérale. Douai, 20 février 1892, précité. Le notaire ne saurait échapper à cette responsabilité en établissant qu'il a remis en temps utile la sommation à un avoué qu'il avait chargé de produire et qui ne l'a pas fait, sauf d'ailleurs son recours contre l'avoué. Cassation, 1er mars 1886 (D. 86. 1. 457). Il ne sera pas davantage déchargé en justifiant qu'il a remis la pièce à la poste sous enveloppe non cachetée; car il doit apporter à son mandat tous les soins d'un bon père de famille. Il en serait de même de la remise de la copie au frère du créancier pour la faire parvenir à ce dernier. Nancy, 23 décembre 1853 (S. 54. 2. 204).

Cependant l'affirmation du notaire qu'il a par la poste transmis la pièce à la partie peut être suffisante pour le décharger si elle est rendue vraisemblable par les autres circonstances de la cause, notamment par la transmission reconnue d'autres significations reçues pour la même partie de la même manière, la partie pouvant avoir été privée de la pièce ainsi transmise par des circonstances indépendantes du fait du notaire. Paris, 18 janvier 1855, précité, et Cassation, 24 janvier 1887.

On trouvera dans notre deuxième partie la critique d'un arrêt de la Cour de Nancy, 22 décembre 1853 (S. 54. 2. 204), qui étend cette responsabilité au successeur du notaire dans l'étude duquel a été faite l'élection de domicile.

Pour éviter ces inconvénients pouvant résulter pour eux d'élections de domicile indiquées chez eux à leur insu, beaucoup de notaires ont jugé convenable de prendre des mesures d'ordre que tous devraient adopter. Dans un grand nombre d'études, on adresse l'exploit au créancier par lettre chargée, afin que le talon du chargement serve au besoin de pièce justificative; c'est ce qui est conseillé par Garsonnet, *Traité de la procédure*, IV, 808, p. 585, note 9; dans d'autres études, on avertit le client, toujours par lettre chargée, de venir retirer la pièce et d'en donner récépissé sur un registre spécial; dans quelques-unes enfin, on prend des mesures spéciales pour décliner le mandat, tout en acceptant la copie et en prévenant le créancier par pure complaisance [1].

---

[1] Le Comité des notaires des départements avait demandé, en 1895, si les compagnies de notaires ne pourraient pas s'entendre avec les corporations d'huissiers pour que l'original de toute notification faite dans une étude, à domicile élu, fût visé soit par le notaire, soit par son principal clerc; nous ignorons si ce projet a eu une suite.

CHAPITRE IV

Exercice de l'action en responsabilité.

Nous n'avons étudié jusqu'ici que les principes de la faute
notariale et les différents cas d'application qui se rencontrent en
pratique ; mais le droit à la réparation du préjudice causé serait
illusoire, si la loi n'avait donné à la partie lésée un moyen
d'obtenir cette réparation. C'est ce moyen que nous nous pro-
posons d'examiner dans le présent chapitre.

L'action en responsabilité est la demande, personnelle et mobilière, qui a pour but d'obtenir en justice la réparation du
préjudice que le notaire a causé par son dol, sa faute, sa négligence ou son imprudence. La partie lésée, ayant fait l'appréciation du préjudice souffert, requiert les tribunaux de se prononcer
sur l'existence de ce dommage et le bien-fondé de cette appréciation. Cette action est soumise, en principe, aux règles ordinaires de la procédure civile ; cependant les particularités
qu'elle présente sur certains points, en particulier sur la compétence et la prescription, justifient la consécration d'un chapitre spécial.

Nous aurons à rechercher :

1° Par qui l'action peut être intentée ;

2° Contre qui elle peut l'être;

3° Quel tribunal est compétent;

4° Quelle est la durée de l'action en responsabilité;

5° Quelles preuves doivent être fournies et par qui;

6° Quel est le pouvoir d'appréciation des tribunaux.

SECTION I

QUI PEUT INTENTER L'ACTION?

L'article 53 de la loi de ventôse dit : « Toutes suspensions, destitutions, condamnations d'amendes et dommages-intérêts seront prononcées contre les notaires par le tribunal civil de leur résidence, à la poursuite des parties intéressées, ou d'office à la poursuite et diligence du commissaire du gouvernement ». Cet article, de l'avis de tous, doit être compris ainsi : la réparation civile, c'est-à-dire la condamnation en dommages-intérêts, ne peut être demandée que par les parties intéressées. Le ministère public ne peut agir d'office et directement que dans les cas qui entraînent une pénalité; il s'agit, en effet, d'infractions à l'ordre public.

Quelles sont les parties intéressées? Ce sont, d'une façon générale, tous ceux qui ont un intérêt direct à la réparation du préjudice, les parties, les tiers et leurs héritiers ou ayants-cause, auxquels on peut ajouter les représentants légaux des incapables (tuteur de mineur ou d'interdit), les créanciers des personnes lésées et le syndic de leur faillite.

Pour les parties et leurs héritiers cela est évident ; pour les tiers et leurs héritiers, de nombreux arrêts ont décidé, et c'est de bonne justice, que les notaires sont vis-à-vis d'eux responsables des fautes qu'ils peuvent commettre dans l'exercice de leurs fonctions, et peuvent être condamnés à des dommages-intérêts lorsque par légèreté ou mauvaise foi ils ont reçu des actes de nature à nuire aux tiers ou à les tromper. Les victimes d'actes frauduleux doivent donc être indemnisées. Paris, 7 mai 1873 (S. 73. 2. 270, D. 73. 2. 158); Cassation, 5 mai 1874 (S. 75. 1. 20). Le notaire qui par un inventaire frauduleux s'est rendu complice d'un détournement de valeurs hériditaires par un légataire universel, est à bon droit déclaré en principe responsable de ce détournement : Cassation, 14 juillet 1889 (S. 89. 1. 216). Le notaire qui, après avoir dressé hors des cas prévus par les articles 1555 et suivants du Code civil un contrat de donation à titre de partage anticipé relatif aux biens dotaux, dont il s'est attaché à dissimuler la totalité, passe le même jour sur le vu de cet acte et au profit d'un tiers une obligation hypothécaire sur les biens donnés, doit indemniser ce tiers : Trib. Mont-de-Marsan, 6 juillet 1888 (*Loi*, 23 octobre 1888); il en est de même du notaire qui reçoit un acte manifestement destiné à soustraire aux créanciers d'une personne dont il connaît la situation obérée le gage de leur débiteur : Cassation, 5 mai 1874 (S. 76. 1. 277). Réparation est due encore par le notaire qui dans un acte de vente insère quittance du prix total, alors qu'il résulte d'un acte passé le même jour et par lui entre les mêmes parties que ce paiement n'est que fictif et que les deux opérations se résument en la transformation de la créance du prix de vente, garantie par le privilège de vendeur et l'action résolutoire, en une simple créance hypothécaire : Paris, 5 août 1887 (*Gaz. Trib.*, 16 août 1887). Le notaire est encore responsable vis-à-vis des tiers des omissions, même purement matérielles, qui figurent dans les expéditions ou extraits par lui délivrés. Douai, 12 novembre 1840 (S. 40. 2. 497; *Pandectes*, 40. 2. 676); Cassation, 8 avril 1872 (S. 72. 1. 242); Dijon, 2 août 1878 (D. 78. 2. 333); Bourges, 28 août 1832 (D. 34. 2. 74; S. 34. 2. 38); Cassation, 14 novembre 1866 (S. 66. 1. 445; D. 67. 1. 35).

Mais c'est surtout à propos de suppositions de personnes que les notaires engagent leur responsabilité vis-à-vis des tiers, aussi bien des personnes dont le nom a été usurpé que de celles qui ont traité de bonne foi sur le vu de ces actes reçus par le notaire : Riom, 11 janvier 1859 (D. 59. 1. 132); Cassation, 18 novembre 1885 (S. 89. 1. 55; D. 86. 1. 398); Aix, 5 février 1887 (*Bulletin d'Aix*, 1887, 437); Paris, 2 février 1838 (S. 38. 2. 178; D. 38. 2. 90) (ce dernier arrêt déclare le notaire responsable vis-à-vis du Trésor de la vérité des certificats de vie par lui délivrés); Bourges, 28 août 1832, précité; Bordeaux, 6 mars 1844 (D. 45. 4. 462) et Cassation, 9 août 1853 (D. 53. 1. 235; *Pandectes*, 54. 2. 246) (ces trois arrêts rendus en matière de certificat de propriété nécessaire pour l'aliénation de rentes, en cas d'omission par le notaire des conditions exigées par un testament dont il est dépositaire); Paris, 29 janvier 1847 (D. 47. 4. 425).

Nous savons d'autre part qu'aux termes du droit commun le mineur émancipé ne peut recevoir un capital mobilier et en donner décharge sans l'assistance de son curateur qui en doit surveiller l'emploi, et que ce mineur a qualité pour intenter seul une action mobilière (art. 482, C. civ.). — Le tuteur d'un mineur ou d'un interdit, responsable aux termes de l'article 450 d'une mauvaise gestion, peut introduire en justice une demande mobilière en dommages-intérêts sans s'être au préalable muni d'une autorisation du conseil de famille (art. 464). — Quant à la personne pourvue d'un conseil judiciaire, aux termes des articles 499 et 513 du Code civil, elle ne peut plaider qu'avec l'assistance de son conseil.

Quant aux créanciers et à leur représentant, le syndic de faillite, ils tiennent de l'article 1166 le droit d'exercer les actions de leur débiteur ; ils rentrent donc dans les parties intéressées.

Les ayants-cause des parties et des tiers peuvent également intenter l'action en responsabilité : par exemple le créancier subrogé à une hypothèque a le droit d'exercer comme le subrogeant lui-même l'action en responsabilité contre le notaire qui aurait commis une faute lourde en faisant inscrire le titre. Bourges, 20 novembre 1844.

SECTION II

CONTRE QUI EST INTENTÉE L'ACTION ?

Il est évident que le notaire doit supporter le premier les conséquences de sa faute et qu'il pourra être actionné même après sa démission ou sa destitution, si le préjudice ne se manifeste qu'après ces événements. — Le notaire en second peut également être poursuivi dans certains cas ; nous nous bornons à renvoyer sur ce point aux développements consacrés au second notaire. — Au cas où ce ou ces notaires auraient été déclarés interdits ou mis en faillite, leur tuteur ou le syndic de leur faillite auraient valablement qualité pour défendre à l'action intentée contre le notaire [1].

Après la mort du notaire, l'obligation de réparer le préjudice causé passe-t-elle à ses héritiers? Cette question était autrefois résolue par une distinction tirée de la loi romaine : on ne les rendait responsables que dans deux cas : 1° s'ils avaient profité de la faute de leur auteur, *quando ex ea locupletiores facti erant;* 2° si l'action avait été engagée contre leur auteur, *quando lis erat contestata cum eorum patre.* En ce sens, arrêts des Parlements de Grenoble, 25 juin 1722; Toulouse, 8 avril 1743, et Paris, 5 septembre 1758; Jussieux de Montuel, *Instr. fac. sur les conventions,* p. 66; Ferrière, *Dictionnaire de droit,* v° *Notaire,* et *Parfait notaire,* l. I, ch. 17; Denisart, v° *Notaire,* n° 32. Ce principe était, il est vrai, combattu par quelques auteurs, Duparc-Poullain, t. XII, p. 723 et suivantes; Toullier, t. VIII, n° 75; il avait même été rejeté formellement par le parlement de Bretagne (Arrêt du 27 février 1771). Il est certain toutefois que la déclaration de 1722 et la loi du 29 septembre-6 octobre 1791 ne parlaient que de la responsabilité des notaires

---

(1) Le notaire qui s'est livré à des actes de commerce peut être déclaré en faillite. Rouen, 10 janvier 1887, *Rev. not.,* n° 7686 ; Angers, 3 décembre 1889, *Rev. not.,* 8274 et les notes ; Cassation, 14 mars 1888, *Rev. not.,* 7817; Trib. commerce de Saint-Pol, 9 avril 1887, *Rev. not.,* 7726.

sans s'occuper de leurs héritiers. Des raisons évidentes d'équité venaient à l'appui de ce système. Comment admettre après le décès d'un notaire une action en responsabilité contre ses héritiers? Quels moyens ceux-ci avaient-ils de se défendre? Pouvaient-ils, en acceptant la succession de leur auteur sur la simple connaissance des charges apparentes et déterminées, se douter de l'énorme responsabilité qui résultait pour eux de la série d'actes passés par celui qu'ils représentent?

L'opinion contraire a cependant prévalu, et aujourd'hui l'affirmative ne fait pas difficulté en présence de l'article 2 du Code d'instruction criminelle, qui autorise l'exercice de l'action civile pour la réparation d'un délit, non seulement contre le prévenu, mais encore contre ses représentants. Rolland de Villargues, *Répertoire du notariat*, v° *Responsabilité*, n° 106; Pagès, p. 242, et Cassation, 11 mai 1891 (D. 92. 1. 215), auxquels on peut joindre Dalloz, *Répertoire*, 322 et 323. En effet, l'héritier étant le continuateur du défunt bénéficie de ses droits et actions; il est donc juste que les charges pèsent également sur lui (art. 724 du Code civil). Il peut d'ailleurs, par mesure de précaution, accepter sous bénéfice d'inventaire. Au reste, il est recommandé par les auteurs, et c'est en effet la pratique suivie, que les tribunaux se montrent très circonspects dans l'examen de cette action, surtout lorsqu'elle n'a pas été intentée contre le notaire, parce que les parties pourraient attendre ce moment par un calcul de mauvaise foi, et que d'autre part, nous l'avons déjà dit, les héritiers pourraient se trouver privés de moyens de défense contre des faits déjà éloignés et auxquels ils sont étrangers. Angers, 8 mars 1825 (D. 26. 2. 174); Nîmes,

29 avril 1863 (D. 65. 2. 14) et Chambéry, 2 janvier 1884. Dans la fixation des dommages-intérêts, les tribunaux ont égard à la date éloignée des faits incriminés et au long silence de la partie lésée.

Quant au successeur du notaire, il ne sera responsable que s'il a concouru à la faute ou négligence commise par son prédécesseur ou s'il l'a aggravée par son fait. Paris, 21 janvier 1845.

SECTION III

QUEL TRIBUNAL EST COMPÉTENT ?

Sur la question de compétence en matière de responsabilité notariale, la doctrine et la jurisprudence sont divisées par une controverse sur laquelle l'accord tend de moins en moins à se faire. On doit en effet se demander si cette action est soumise aux règles générales qui régissent les actions personnelles mobilières, ou s'il faut lui appliquer l'article 53 de la loi du 25 ventôse an XI, en étendant cet article en dehors du cas disciplinaire.

Soumettre la responsabilité notariale aux règles générales, c'est reconnaître la compétence du juge de paix en dernier ressort jusqu'à 100 francs et en premier ressort jusqu'à 200 francs ; la compétence du tribunal civil en dernier ressort jusqu'à 1.500 francs ; et la compétence du tribunal saisi de la demande originaire, alors même qu'il n'est pas celui du domicile du défendeur, si le notaire est poursuivi par voie de garantie.

Quant à l'article 53 de la loi de ventôse, ainsi conçu : « Toutes suspensions, destitutions, condamnations d'amende et dommages-intérêts, seront prononcées contre les notaires par le tribunal civil de leur résidence, à la poursuite des parties intéressées, ou d'office à la poursuite et diligence du commissaire du gouvernement. — Les jugements seront sujets à l'appel et exécutoires par provision, excepté quant aux condamnations pécuniaires », il est certain qu'il s'applique à l'action disciplinaire et à la demande en dommages-intérêts jointe à cette action; mais doit-on l'étendre à l'action en responsabilité intentée en dehors de toute poursuite disciplinaire ?

La jurisprudence semble se prononcer en faveur du premier système : la Cour de cassation, par deux arrêts du 2 mars 1846 (D. 46. 1. 193) et du 11 juillet 1893 (D. 93. 1. 563), a décidé que le notaire peut être actionné par voie d'action en garantie devant le tribunal saisi de l'action principale. La Cour d'Agen, 20 mai 1893 (D. 94. 2. 77), s'est prononcée dans le même sens, en déclarant non recevable l'appel formé par un notaire contre un jugement ordonnant une enquête sur une demande en 1.200 francs de dommages-intérêts, — par ce motif que l'article 53 de la loi de ventôse placé sous la rubrique « Chambre de discipline », ce qui en détermine le sens et en limite la portée, ne déroge pas au droit commun quant aux actions en responsabilité ou en dommages-intérêts exercées par les parties, lorsque ces actions, intentées en dehors de toute poursuite disciplinaire, ont pour objet ou pour cause le règlement d'un débat d'intérêt privé.

En sens contraire les arrêts sont plus nombreux sur la question de garantie, mais cette apparente contradiction vient de ce que l'article 53 n'a pas été la seule base de la décision ; elle est fondée aussi sur un motif tiré du droit commun en ce que l'action en dommages-intérêts intentée contre le notaire comme résultant d'un mandat, d'un délit ou d'un quasi-délit doit être considérée comme une action principale et directe, et non comme une action en garantie que le client pourrait intenter au cours de l'instance qui résulterait, entre lui et un tiers lésé, de la faute du notaire. Bordeaux, 27 juin 1839 (D. 40. 2. 69) et Cassation, 29 juin 1881 (D. 82. 1. 61). D'autres arrêts sont même allés plus loin et ont posé le principe de la compétence unique du tribunal du domicile du notaire, sans même se référer à l'article 53 de la loi du 25 ventôse an XI. Bordeaux, 6 février 1865 (S. 65. 2. 189) et Limoges, 16 décembre 1890 (D. 92. 2. 515).

C'est également ce principe que nous adoptons après nombre d'auteurs : Chauveau, sur Carré, *Lois de la procédure civile,* art. 181, question 771 *bis,* § 1 ; Boitard, *Leçons de procédure,* 8ᵉ édition, t. II, p. 96 ; Berriat Saint-Prix, p. 81 ; Pigeau, *Commentaire,* t. I, p. 405 ; Favard de Langlade, *Répertoire de la législation du notariat,* t. II, p. 465 ; Thomine-Desmazures, *Commentaire sur le Code de procédure civile,* t. I, p. 337 ; Boncenne, *Théorie de la procédure,* t. III, p. 402, tous cités par Vergé, *Responsabilité des notaires,* n° 144 ; Rutgeerts et Amiaud, *Comment.,* t. III, p. 1395. — En effet, la loi a voulu qu'un officier ministériel ne pût être jugé en ce qui concerne les fautes qu'il a pu commettre dans l'exercice de ses fonctions que par le tribunal près duquel il exerce. Pour apprécier la

gravité d'une faute reprochée à ce fonctionnaire, il est évident
que des juges étrangers privés de tous renseignements sur son
caractère, ses habitudes, sa moralité, sa capacité, ses antécé-
dents, ne vaudront jamais, quelles que soient leurs lumières, les
juges de son domicile ou de sa résidence. Il importe aussi que
ce fonctionnaire, en allant répondre de sa faute devant un tribunal éloigné, ne puisse la dissimuler à ceux qui, étant en rapports
fréquents avec lui, ont tout intérêt à savoir s'ils doivent ou non
lui continuer leur confiance. Or ces motifs s'appliquent également au cas où le notaire est attaqué directement par la voie
disciplinaire ou par une demande en responsabilité, et à celui
où l'instance se lie à quelque autre litige pendant devant une
autre juridiction. Si l'article 53 de la loi de ventôse ne devait
pas être entendu dans un sens aussi général, il n'aurait jamais
d'application et ne présenterait aucun intérêt pratique, puisque
les principes généraux suffiraient à eux seuls pour attribuer la
compétence au tribunal du domicile du défendeur, c'est-à-dire
au tribunal dans le ressort duquel le notaire exerce ses fonctions.
C'est pourquoi nous considérons l'article 53 comme un principe
absolu de compétence en matière de responsabilité notariale, et
l'attribution de juridiction qu'il pose, comme pouvant être invoquée aussi bien par le notaire que contre lui, car elle a été établie
à la fois dans l'intérêt du notaire et des parties.

Cet article 53 contient une autre exception remarquable au droit
commun : c'est que l'appel est toujours recevable, même s'il
s'agit d'une somme inférieure au taux de la compétence en
dernier ressort des tribunaux d'arrondissement. Cassation 16 mai
1825 (S. 26. 1. 225).

SECTION IV

QUELLE EST LA DURÉE DE L'ACTION ?

La prescription de l'action en responsabilité n'étant soumise à aucune règle particulière, cette action se prescrira par trente ans (art. 2262) et le délai partira du jour où l'action a pris naissance. Mais ici nous touchons à un point délicat : quand l'action en responsabilité contre le notaire ou ses héritiers prend-elle naissance?

Nous sommes en présence de deux opinions absolument contraires, celle du *Dictionnaire du Notariat*, 4ᵉ édition, nᵒˢ 473 et suivants (vᵒ *Responsabilité des notaires*) et celle du *Traité de la responsabilité des notaires*, d'Éloy, t. II, 964 et suivants, soutenue également par Dalloz, *Répertoire*, vᵒ *Responsabilité*, 326 et suivants, et *Jurisprudence générale*, 479.

D'après les auteurs du *Dictionnaire du notariat*, il a été jugé par des arrêts de Paris, 1ᵉʳ floréal an II, Poitiers, 2 février 1825 et Cassation, 27 mai 1857 [1], que la prescription ne court que du jour de la demande ; cette solution est fondée sur l'article 2257 du Code civil, portant que la prescription ne court pas à l'égard d'une action en garantie jusqu'à ce que l'éviction ait lieu. Ces auteurs n'admettent pas cette solution, et préfèrent adopter celle d'un arrêt de Paris, 31 mai 1856, celui-là même qui a été cassé le 27 mai 1857. D'après cet arrêt, on ne peut invoquer pour la suspension du délai de prescription

(1) S. 3. 2. 298; D. 57. 1. 290.

l'article 2257 du Code civil qui ne se rapporte qu'à la garantie
en matière de vente, et on doit faire courir ce délai de la date
de l'acte, ou tout au moins de l'époque de l'exigibilité du prix.
Pour ce motif que, le garanti en matière de vente ne pouvant
agir tant qu'il n'a pas subi d'éviction, il serait contraire à la raison que le recours en garantie fût sujet à prescription, avant
que l'événement auquel il est subordonné fût accompli ou tout
au moins imminent. Lorsqu'au contraire il s'agit d'une faute
commise par le notaire dans la rédaction d'un acte, soit qu'elle
consiste en un vice de forme, soit qu'elle résulte de ce que,
contrairement à ses devoirs professionnels, il ait omis les faits
dont la réalité est essentielle à la validité du contrat, l'action
en responsabilité naissant de la faute est indépendante de celle
que la stipulation confère aux parties contractantes.

Cette opinion, très bienveillante pour les notaires, n'a pas été
admise par M. Éloy, qui part de ce principe que la responsabilité étant la garantie du dommage causé, l'obligation de réparer le préjudice souffert par autrui, il ne peut y avoir responsabilité s'il n'y a pas dommage établi, préjudice constant;
donc pas d'action tant que le grief n'existe pas.

Il est vrai que la possibilité d'une action en responsabilité va
peser indéfiniment sur la tête du notaire ou de ses héritiers,
que la loi n'a pu vouloir une pareille incertitude et qu'il serait
plus conforme aux principes de la prescription que le délai de
la responsabilité courût du jour où la faute a été commise, parce
que, même en l'absence d'une plainte, d'un préjudice établi, le
fondement de cette plainte et de ce préjudice a existé du jour
de la faute.

« Mais », dit M. Eloy, « ce n'est là qu'une considération », et il préfère tirer de la maxime *Contra non valentem agere non currit præscriptio* la base de son argumentation. En effet, c'est parce qu'un individu n'est pas à même d'agir qu'aucune fin de non-recevoir tirée de son droit d'action ne lui est opposable, puisqu'il ne dépendait pas de lui de demander réparation d'un préjudice dont il n'avait pas connaissance. La base du préjudice est bien née du jour où la faute a été commise; mais ce préjudice, cette résultante, a pu rester de nombreuses années sans se produire; il n'est pas admissible que pendant ce temps il ait pu être question d'une demande en réparation pour quelqu'un qui n'avait rien à faire réparer. D'ailleurs il se pourrait très bien qu'il y ait faute indéniable du notaire sans qu'il en soit résulté un préjudice et par suite une base d'action.

C'est en ce sens que s'est prononcée la Cour de Pau, 15 mars 1892 (D. 93. 2. 164), et après hésitation c'est à cette opinion que nous nous rallions à la suite d'autorités comme Pagès, p. 247, Dalloz, déjà cité, Rolland de Villargues, n° 112, Vergé, n° 146, et Sourdat, *Traité de la responsabilité*, I, 637; c'était cette opinion que signalait comme généralement admise la 36ᵉ tablette de la *Législation et Jurisprudence du notariat*, en tablettes synoptiques avec notes de doctrine, de Bruno, édition de 1872 (Paris, Le Boucher jeune).

Nous tenons donc pour constant que la partie ne pourra recourir contre le notaire, même en faute, tant que le préjudice n'est pas souffert, et que par conséquent le délai de prescription ne court que du jour où ce préjudice s'est manifesté. Il faut donc qu'il y ait préjudice causé; aussi peut-on accepter sans ré-

serves la doctrine des arrêts de la Cour de cassation du 22 août
1864 (D. 65. 1. 63) et du 24 juin 1887 (D. 87. 1. 409), déclarant que même avant l'exigibilité de la dot, le notaire peut être
condamné comme responsable de l'inefficacité de l'inscription
hypothécaire destinée à garantir la restitution de cette dot, le
dommage étant actuel et certain, quoique subordonné à l'insolvabilité du mari; sauf à ne déclarer la condamnation exécutoire
qu'en cas de non-remboursement de la dot. *Adde* Bourges,
29 mars 1859 (S. 60. 2. 132); Limoges, 2 août 1883 (S. 90. 1.
458) et Pau, 15 mars 1892 (D. 93. 2. 164).

Si l'action est prématurée lorsque le dommage n'est qu'éventuel, elle peut, disons-nous, être intentée dès qu'il y a préjudice certain. Cassation, 10 janvier 1854 (S. 54. 1. 135; *Pand.*,
54. 1. 508), c'est-à-dire qu'au cas où on se fonde sur une nullité d'acte, il faut attendre que cette nullité ait été prononcée
(même arrêt). Mais la partie qui prétend avoir été victime de
dol, violence, etc., peut actionner le notaire qui en est l'auteur
ou le complice, avant que la nullité ait été prononcée. Cassation,
4 mai 1868 (S. 69. 1. 213). De même pour les tiers victimes
des agissements ou des erreurs du notaire. C'est ainsi encore
que, dans le cas où un notaire est poursuivi à raison de l'insuffisance de garanties d'un placement hypothécaire, le tribunal
n'est pas obligé d'attendre l'issue d'un ordre pour apprécier le défaut de garanties : Bordeaux, 6 février 1865 (S.
65. 2. 189); Orléans, 9 janvier 1870 (D. 71. 2. 88). Car
il peut condamner éventuellement le notaire à payer au
prêteur la différence entre le montant de la collocation défi-
nitive de ce dernier et la somme pour laquelle le borde-

reau sera délivré. Cassation, 9 juillet 1890 (S. 92. 1. 557).

Le notaire de son côté ne pourrait évidemment pas intenter une action pour faire prononcer qu'il n'a encouru aucune responsabilité. Il a cependant été jugé dans un cas tout à fait spécial que le notaire, menacé d'une façon sérieuse par un client d'une action en responsabilité, a le droit d'actionner ce dernier devant les tribunaux pour faire juger qu'il n'a encouru aucune responsabilité : arrêt de la cour d'Angers du 3 juillet 1868 (S. 68. 2. 318), dont nous reproduisons les motifs d'après le *Journal des notaires* du 31 mai 1869 :

« La Cour ; — Attendu que le sieur Bory, aujourd'hui représenté par sa veuve, devenue femme Ribault, a prêté, sur simple billet, au cours de 1854, par l'intermédiaire de Chelle, alors notaire à Savenières, et actuellement notaire à Ancenis, une somme de 2.000 francs aux époux Auguste Avenant, négociants à Angers ;

« Attendu qu'Auguste Avenant est décédé, au cours de janvier 1866, en état de cessation de paiements ; que sa succession ne peut donner que de faibles dividendes ; que la veuve Ribault a élevé la prétention de rendre Chelle responsable du prêt et que cette prétention s'est nettement manifestée par deux lettres adressées à Chelle, au nom de cette femme, les 30 juin et 1er août 1867 ;

« Attendu que, à la suite de ces lettres, Chelle a fait citer les époux Ribault devant le tribunal d'Angers, pour voir dire que les héritiers Avenant sont seuls débiteurs envers eux du placement de 2.000 francs, et qu'aucune responsabilité ne peut être invoquée contre lui ; et que les époux Ribault ont seulement conclu à ce que Chelle fût déclaré non recevable dans ses demandes, fins et conclusions ;

« Attendu que, par le jugement dont est appel (rendu par le tribunal d'Angers le 21 avril 1868), Chelle a été déclaré non recevable en sa demande et condamné à 100 francs de dommages-intérêts envers les époux Ribault ;

« Sur cette fin de non-recevoir : — Attendu qu'il est vrai que, en principe général, il n'appartient pas à un défendeur de se constituer arbitrairement demandeur, et d'appeler en justice une personne qui ne réclame rien, sous prétexte qu'elle pourrait réclamer plus tard ;

« Mais attendu que la menace d'un préjudice éventuel est une cause légitime d'action, quand cette menace se produit sérieusement, et quand elle peut nuire au crédit ou à la situation de celui à qui elle est adressée ;

« Attendu que Chelle a été sérieusement menacé d'une poursuite en responsabilité par les deux lettres qui lui ont été adressées au nom de la femme Ribault ; — qu'on objecte en vain que la femme Ribault n'avait pas été autorisée par son mari à faire écrire ces lettres ; qu'en droit l'autorisation du mari n'est pas exigée en pareille matière ; qu'en fait l'attitude actuelle des époux Ribault démontre que le mari a approuvé la réclamation de sa femme ;

« Attendu que les époux Ribault ne se sont pas présentés pour toucher le dividende offert par la liquidation Avenant, et que Chelle a intérêt à faire décider qui, de lui ou des époux Ribault, doit concourir à ce dividende ;

« Attendu que Chelle a encore intérêt à faire juger une

prétention qui, par sa persistance et par la notoriété qu'elle a acquise, pourrait nuire à son crédit et porter atteinte à sa situation d'officier public ; — que ce double intérêt est devenu plus manifeste et plus grave par le silence des époux Ribault devant la justice et qu'il en résulte pour Chelle le principe d'une action légitime ;

« Par ces motifs, infirmant, etc., déclare les époux Ribault mal fondés dans la fin de non-recevoir opposée par eux à l'action de Chelle ; déclare l'action de Chelle régulièrement et à bon droit intentée, décharge Chelle de la condamnation en 100 francs de dommages-intérêts prononcée contre lui ;

« Et attendu qu'il n'y a lieu, en l'état de l'affaire et en l'absence des époux Ribault, de statuer sur les conclusions de Chelle au fond, ni de prononcer une déchéance éventuelle contre les époux Ribault ; — Dit que, dans le délai d'un mois, les époux Ribault seront tenus de former et signifier les conclusions qu'il leur conviendra de prendre devant la Cour, sinon et faute par eux de se conformer à ces prescriptions dans ce délai, dit qu'il sera statué ainsi qu'il appartiendra. »

Cette espèce est, croyons-nous, unique dans notre jurisprudence, et il a fallu la menace sérieuse d'un recours pour justifier l'action du notaire.

SECTION V

QUELLES PREUVES DOIVENT ÊTRE FOURNIES ET PAR QUI ?

Au moment d'aborder la question de preuve, à propos de laquelle nous croyons qu'on a fait au droit commun des accrocs qu'aucune loi ne justifiait, nous croyons utile de résumer les principes précédemment exposés.

Nous avons essayé d'établir que la mission légale du notaire consiste à conférer l'authenticité aux conventions des parties et à leur donner date certaine, à garder ces conventions et à en délivrer des copies. Il ne peut y avoir place dans ces fonctions publiques pour un mandat ou une convention : d'où il résulte que les articles 1382 et 1383 avec leur rédaction générale ne peuvent s'appliquer à ces délégués du pouvoir exécutif dans leurs devoirs professionnels. Considérant que les particuliers en vue d'une convention particulière peuvent s'astreindre à des obligations strictes, tandis que cela est assez difficile, pour ne pas dire impossible, pour toute la durée d'une carrière de fonctionnaires publics, la loi s'est montrée moins rigoureuse à l'égard de ces derniers, dans la détermination du degré de la faute, dans la nécessité, pour que les cas de faute soient imputables, qu'ils aient été expressément prévus, hormis les cas de fraude et dol, et dans la possibilité d'une excuse tirée des circonstances de la cause.

Nous avons reconnu qu'ils pouvaient être chargés de certains mandats légaux et astreints aux obligations résultant du dépôt; d'où responsabilité des articles 1991, 1992 et 1927.

En dehors de leurs fonctions, nous avons admis qu'ils pouvaient se charger de mandats, de gestions d'affaires, s'obliger par cautionnement ou stipulations ; d'où responsabilité tirée des articles 1991 et 1992 et des règles générales des conventions (art. 1137).

Ainsi restreinte à ce qui nous a semblé être ses limites légales,

là responsabilité des notaires n'en existe pas moins assez étendue, et lorsqu'il y aura faute, faute imputable au notaire, et préjudice souffert à la suite de cette faute, une condamnation en
des dommages-intérêts nous paraîtra justement prononcée.

Mais il sera nécessaire de fournir la preuve de la réunion de
ces éléments, — et non une preuve de fantaisie, mais la preuve
légale, la preuve exigée par ce droit commun que l'on semble
avoir singulièrement oublié pour le plus grand dam des mal-
heureux notaires, et le plus grand avantage des clients malhon-
nêtes.

Nous posons donc comme principe cette déclaration d'une jurisprudence constante que, pour actionner un notaire avec succès, il faut *prouver l'existence d'une faute imputable et d'un
préjudice souffert*. Bordeaux, 2 juin 1853 (D. 54. 5. 659); Paris,
30 juillet 1853 (D. 54. 2. 70); Cassation, 8 mai 1854 (D. 54. 1.
146); Colmar, 16 août 1864 (S. 64. 2. 1.); Cassation 25 juin
1867 (D. 68. 1. 74); 23 juin 1887 (*Gaz. Pal.*, 87. 2. 139) et
5 novembre 1890 (S. 92. 1. 244).

§ I. A qui incombe le fardeau de la preuve? Évidemment à
celui qui réclame l'exécution d'une obligation ou se prévaut de
de son inexécution (art. 1315, Code civil).

Celui qui réclame à un notaire des dommages-intérêts du
chef de ses fonctions proprement dites, doit prouver l'existence
d'un des cas de faute prévus par la loi, l'existence de cette
faute, son imputabilité au notaire, et le préjudice souffert. De
son côté le notaire défendeur sera toujours admis à présenter
contre les points prouvés tous moyens de nature à les renverser.

Si au contraire l'action en responsabilité est intentée à raison d'un contrat de mandat ou de gestion d'affaires, ou d'une stipulation pour autrui, le demandeur n'en demeure pas moins chargé de la preuve. Il aura à établir l'existence de l'offre et de l'acceptation du mandat (art. 1984, C. civ.), l'existence d'un quasi-contrat de gestion d'affaires (art. 1372, C. civ.), le consentement des parties contractantes dans la stipulation pour autrui (art. 1108 et 1121, C. civ.). Cette première preuve faite, la faute imputable et le préjudice souffert restent à prouver. Le notaire de son côté aura le droit de présenter pour sa défense tous moyens de droit et de fait propres à paralyser les assertions du demandeur ou à établir leur fausseté.

§ II. Jusqu'ici application pure et simple du droit commun. Mais en ce qui concerne les modes d'administration de la preuve, pour saisir l'état actuel de la jurisprudence, il faut distinguer la responsabilité que le notaire encourt à raison de l'exercice même de ses fonctions en tant que notaire, et celle qui peut résulter de tout contrat ou de toute situation extra-professionnelle, en particulier du mandat exprès ou tacite et de la gestion d'affaires, où le notaire ne peut être envisagé que comme un particulier. Toutes deux sont soumises au droit commun ; mais en fait, si nous pouvons passer sur la preuve de la responsabilité professionnelle sans nous arrêter et en renvoyant à notre critique du mandat légal d'éclairer les parties (suprême ressource en cas d'insuffisance des preuves), il en est autrement de la responsabilité du particulier, par suite des errements de la jurisprudence.

Comme les faits qui la font naître sont analogues au cautionnement, et, tombant comme tels sous le coup de l'article 12-6°

de l'ordonnance du 4 janvier 1843 et du décret du 30 janvier 1890, sont punis de peines disciplinaires assez graves, une telle situation ne peut être facilement supposée, et la jurisprudence aurait dû se montrer plus sévère dans l'admission de la preuve, à raison même de cette réserve imposée aux notaires. Trib. Lyon, 9 janvier 1891 (*Moniteur de Lyon*, 14 février 1891).

Voyons brièvement quels sont les modes de preuve autorisés par la loi, pour mieux comprendre ensuite la tolérance jurisprudentielle.

Ce sont en première ligne la preuve littérale (art. 1317 et suivants Code civil); l'aveu (art. 1354 et suivants); le serment (art. 1357 et suivants), les présomptions légales (art. 1350 et suivants).

Puis viennent, soumises à restrictions, la preuve testimoniale et les présomptions simples, qui doivent attirer notre attention.

La preuve testimoniale ne peut être reçue pour des choses excédant la somme ou valeur de 150 francs; et il ne sera reçu aucune preuve par témoins contre et outre le contenu aux actes ni sur ce qui serait allégué avoir été dit avant, lors ou depuis les actes, encore qu'il s'agisse d'une somme ou valeur moindre de 150 francs (art. 1341 et suivants, C. civ.). Il faut toutefois excepter les cas des articles 1347 et 1348, c'est-à-dire lorsqu'il existe un commencement de preuve par écrit, ou toutes les fois qu'il y a eu impossibilité matérielle de se procurer une preuve littérale.

Quant aux présomptions simples, non établies par la loi, elles doivent être, disent les articles 1353 et suivants, graves, précises et concordantes, et sauf la fraude ou le dol, elles ne peuvent être admissibles que dans les cas où la loi tolère la preuve testimoniale.

Telles sont les règles dont chacun a le droit d'exiger l'application tant pour que contre lui, et que nous réclamons pour les notaires. En effet, selon ces règles, il faudrait, pour prouver le mandat exprès ou tacite, ou un écrit émané du notaire, ou tout au moins un commencement de preuve par écrit émané de lui et qui rendît vraisemblable le mandat, de façon à ouvrir la porte, soit à la preuve testimoniale, soit aux présomptions graves, précises et concordantes, réserve faite naturellement des cas de fraude ou dol, où toutes les preuves sont admissibles de plein droit.

Quant à la gestion d'affaires, aux termes de l'article 1372, elle ne peut s'induire que d'actes volontaires. Si la preuve testimoniale et les présomptions simples doivent toujours y être admises, il n'en est pas moins vrai qu'il faut des actes positifs et volontaires d'immixtion [1]. C'est justement parce que l'article 1348-1° du Code civil considère les quasi-contrats comme constituant des cas d'impossibilité de se procurer une preuve écrite, et que, par suite, la preuve testimoniale et les présomptions simples leur sont applicables, que les plaideurs cherchent tant à trouver de prétendus cas de gestion d'affaires dans les services extra-professionnels rendus par les notaires. — A quoi nous objecterons à nouveau que, en sens contraire, on doit présumer que les no-

____

[1] L'idée de gestion d'affaires ne peut s'appliquer au cas d'omission pure et simple, ce qu'admettent cependant de nombreux arrêts, et « il ne saurait dépendre de l'habileté d'une des parties de transformer selon son intérêt le mandat en simple gestion d'affaires, afin de rendre admissible la preuve testimoniale ». Caen, 25 janvier 1875.

taires s'empressent le moins possible de gérer gratuitement et volontairement l'affaire d'autrui (art. 1372, C. civ.), quand il leur est si avantageux de s'en charger sous forme de mandat (art. 1992). — Et ce n'est pas seulement pour la gestion d'affaires que la jurisprudence semble s'être affranchie des règles tracées par le Code civil : c'est aussi dans les cas de mandat, surtout de mandat tacite. Nombreux en effet sont les arrêts [1], dans lesquels le notaire est considéré comme un véritable mandataire à raison des circonstances particulières dans lesquelles il a accepté la mission de placer des fonds pour le compte d'un de ses clients : il n'est plus question ici de preuve écrite ni de commencement de preuve par écrit. On en arrive même à déclarer : « Les parties ont-elles voulu donner, le notaire a-t-il entendu accepter la mission de s'occuper de telle ou telle affaire et de la mener à bonne fin dans leur intérêt? Le travail des juges consiste à décider si des circonstances de la cause ressort l'acceptation par le notaire du mandat qui lui a été confié, et l'appréciation de la volonté des parties est à cet égard du domaine exclusif des magistrats », et encore : « Du reste, il s'agit d'une question de fait, d'appréciation, du domaine des tribunaux, échappant à la censure de la Cour de cassation, et qui est pour tous, et pour les conseillers eux-mêmes de cette Cour une vérité [2] ». Éloy, II, 827 et 828.

(1) Cassation, 24 mars 1855 (S. 55. 1. 625) ; 19 mars 1856 : 22 avril 1856; 18 août 1873; 28 août 1875; 29 décembre 1875, et d'une manière générale tous les arrêts que nous avons cités au chapitre du mandat en matière de prêt hypothécaire.

(2) Et cependant *res judicata pro veritate habetur*, et non *res judicata veritas est*.

Les questions d'admissibilité de la preuve testimoniale ne sont donc plus des questions de droit, puisqu'elles échappent au contrôle de la Cour de cassation! A part un arrêt du 29 décembre 1875, cette dernière a admis une aussi flagrante erreur, et les recueils de jurisprudence ne discutent même pas la question. Cassation, 18 janvier 1892 (D. 92. 1. 454). Nous n'en souhaitons pas moins un revirement dans les idées de la Cour de cassation, à la suite duquel le mandat tacite donné au notaire par le client ne pourra plus être prouvé par de simples présomptions, par les circonstances de la cause; il faudra un commencement de preuve par écrit tout au moins, et la Cour de cassation examinera, comme elle en a le droit et le devoir, si les exigences de la loi à cet égard ont reçu satisfaction. Nous espérons également qu'on n'admettra plus, comme par une sorte d'échappatoire, qu'il y a gestion d'affaires là où on a été impuissant à établir un mandat exprès ou tacite, et que la Cour suprême examinera aussi si des faits souverainement constatés par les juges il résulte qu'il y ait eu de la part du notaire cette activité voulue, cette immixtion, cette gestion volontaire de l'affaire d'autrui dont parle l'article 1372 [1].

§ III. Que doit prouver le demandeur? Nous avons répondu : qu'il y a faute, et faute imputable au notaire, — et préjudice causé par cette faute.

Nous avons étudié en détail les différents cas de faute notariale; nous n'y reviendrons pas. Il ne peut y avoir faute que

[1] En ce sens, Cassation, 30 mai 1881 (D. 81. 1. 414) et 19 mai 1885 D. 85. 1. 345).

quand un texte formel l'a décidé; aussi parlerons-nous simultanément de la faute et du dommage.

La responsabilité, étant l'obligation de réparer le préjudice
causé, ne peut se comprendre que si ce préjudice est réel; et
de nombreux arrêts ont proclamé cette condition essentielle à
son existence. Les parties devront donc établir qu'elles ont
subi un préjudice et que ce préjudice a pour cause la faute du
notaire. Cassation, 8 mai 1854 (D. 54. 1. 146); 25 juin 1867
(D. 68. 1. 74); 28 février 1872 (D. 73. 1. 485); 23 juin 1887
(*Gaz. Pal.*, 87. 2. 139 et *Gaz. Trib.*, 23 juin 1887); 5 novembre
1890 (S. 92. 1. 244). Les juges du fond apprécient souverainement s'il y a eu préjudice et s'il existe un rapport de cause à
effet entre la faute et le préjudice. Cassation, 3 février 1885
(S. 87. 1. 268); 26 avril 1887 (S. 87. 1. 471); 6 août 1890 (S.
92. 1. 252; 11 mai 1891 (S. 92. 1. 254); 19 juillet 1892 (S. 92.
1. 560). — C'est ainsi qu'un notaire n'est pas responsable
des omissions dans un extrait par lui délivré, quand il est prouvé
qu'en fait le préjudice a pour cause, non ces omissions, mais
la négligence de celui qui a requis l'extrait. Cassation, 17 juin
1856 (D. 56. 1. 462). — Pour rendre un notaire responsable
d'un placement hypothécaire, il ne suffit pas de prouver qu'il
l'a indiqué ou même négocié, il faut encore établir qu'il a
commis une faute dans la négociation. Lyon, 3 juillet 1868
(S. 68. 2. 229), et Cassation, 30 mai 1881 (D. 81. 1. 414). —
Le notaire n'est pas responsable de la nullité d'une inscription
d'hypothèque par lui prise, alors que l'inscription reproduisait
fidèlement les clauses de l'acte constitutif d'hypothèque et
qu'aucune faute ne lui était imputable. Alger, 10 mai 1870 et

Cassation, 26 mars 1872 (D. 72. 1. 425). — Le notaire ne peut être déclaré responsable de la nullité d'un acte lorsque cette nullité a été prononcée pour une cause n'entraînant pas responsabilité. Peu importe qu'on démontre que l'acte était entaché d'une autre nullité résultant du fait du notaire. Agen, 16 août 1836 (S. 38. 2. 161); Bordeaux, 6 mai 1860 (D. 60. 2. 129); ou encore lorsque la partie avait un autre titre qui lui permettait de se faire payer et dont elle a négligé de se servir. Riom, 8 décembre 1847 (D. 48. 2. 77).—Le notaire qui a délivré un certificat de propriété sans se conformer aux dispositions de la loi du 26 floréal an VII, notamment sans se faire représenter un acte de notoriété délivré au lieu de l'ouverture de la succession, à l'effet de constater l'absence d'inventaire, n'est pas responsable du moment que l'acte dont il est l'auteur n'a été la cause d'aucun dommage. Cassation, 8 mai 1854 (D. 54. 1. 146).

Un préjudice purement éventuel ne saurait motiver une demande en dommages-intérêts. Ce n'est qu'en cas de préjudice actuel et certain que la partie lésée est recevable à agir. Mais il est reconnu en jurisprudence que la perte des sûretés promises constitue un préjudice actuel et certain, alors même que la créance n'est pas encore exigible et qu'il n'est pas démontré qu'elle ne pourra pas être recouvrée à l'échéance. Il a été décidé notamment qu'il y a préjudice actuel et certain, de nature à donner ouverture à une action en dommages-intérêts contre le notaire qui a reçu une obligation, lorsque le prêteur se trouve encore en perte après avoir épuisé toutes les voies de recours qu'il avait pu raisonnablement prévoir au moment du prêt;

qu'il ne saurait être tenu d'abandonner momentanément son action pour courir les risques et les frais de procès aléatoires et dispendieux, lorsque les principales garanties, les seules en vue desquelles le prêt avait été consenti, viennent à faire défaut. Trib. Annecy, 18 mars 1891 (*Gaz. Trib.*, 14 février 1892), confirmé par arrêt de la Cour de Chambéry, contre lequel le pourvoi a été rejeté (emprunté au *Code du Notariat* de M. Boulet). — *Adde* Cassation, 22 août 1864 (D. 65. 1. 63); Dijon, 26 octobre 1892 (D. 93. 2. 205); Cassation, 9 juillet 1890 (D. 91. 1. 381), et Pau, 15 mars 1892, déjà cité. — Si les conséquences de la perte des garanties promises ne peuvent être déterminées en l'état, il y a lieu de décider que la condamnation ne deviendra exécutoire qu'au moment où l'évaluation pourra en être faite utilement. Cassation, 22 août 1864 et 24 juin 1887, précités (garantie de la dot).

Enfin il ne suffit pas qu'il y ait faute de la part du notaire, ni que le préjudice dont on demande réparation existe, c'est-à-dire qu'il soit certain et appréciable ; il faut encore que ce préjudice soit nécessairement et uniquement le résultat ou la conséquence de la faute commise. En ce sens, Cassation, 25 juin 1867 (S. 67. 1. 324; D. 68. 1. 74), décidant que la partie qui se plaint qu'on ne lui a pas donné lecture d'une clause d'un acte ne saurait demander de dommages-intérêts au notaire s'il est constant qu'elle aurait subi le même préjudice à raison de son incurie personnelle, quand bien même le notaire ne se serait rendu coupable d'aucune omission. — Peu importe que, lors de la rédaction d'un contrat de prêt, le notaire ait fait des déclarations inexactes concernant la valeur des biens hypothéqués et l'état hypothécaire, si ces déclarations n'ont causé aucun préjudice. Amiens, 17 février 1886 (*Recueil d'Amiens*, 86. 70). — Le notaire n'est pas responsable du défaut d'inscription d'une hypothèque lors même qu'il aurait reçu mandat à cet effet si l'acte constitutif de l'hypothèque est lui-même atteint d'une nullité qui ne lui est pas imputable. Limoges, 2 décembre 1885 (*Gaz. Pal.*, 86. 1. 432); Cassation, 23 juin 1887 (*Gaz. Pal.*, 87. 2. 139). — Le notaire ne saurait être condamné à des dommages-intérêts bien qu'il ait reçu un acte sans s'assurer de l'identité des parties, et ait été victime d'une supposition de personnes, s'il résulte des circonstances de fait que les tiers qui ont traité sur le vu de cet acte n'ont pas subi de préjudice du fait de la supposition. Angers, 19 janvier 1828 (D. 29.2.291). — Le notaire ne saurait être recherché s'il a pris les précautions nécessaires et si le préjudice n'est dû qu'à ce que le créancier n'a pas poursuivi en temps utile. Riom, 8 décembre 1847 (D. 48. 2. 77) et 20 mars 1884 (*Gaz. Pal.*, 84. 1. 789). C'est par application de ces principes que l'action en responsabilité a été rejetée en matière de prêt hypothécaire lorsque les garanties suffisantes au moment du prêt sont devenues insuffisantes au moment de l'échéance sans la faute du notaire. Cassation, 25 janvier 1876, et Eloy, II, 772 et suivants. *Adde* Angers, 19 mars 1879 (D. 82. 1. 100) et Cassation, 5 février 1884 (D. 84. 1. 367). Il en serait de même au cas où la minute d'un acte a été perdue sans qu'il en soit résulté préjudice pour personne. Le notaire peut n'être tenu qu'à fournir un nouvel acte à ses frais. Cassation, 20 janvier 1841 (S. 41. 1. 577).

SECTION VI

DU POUVOIR D'APPRÉCIATION DES TRIBUNAUX.

La faute du notaire ne l'oblige donc qu'au cas de préjudice actuellement certain causé par cette faute; mais elle ne l'oblige jamais au delà de ce préjudice, et elle ne l'oblige même pas toujours à son entière réparation, car il est constant que les juges ont un pouvoir souverain pour apprécier le préjudice causé et les dommages-intérêts qu'il convient d'attribuer aux victimes de cette faute. Cette doctrine, qui est tous les jours sanctionnée par les tribunaux, tire son fondement légal des termes formels de l'article 68 de la loi du 25 ventôse an XI, *s'il y a lieu*, c'est-à-dire si les circonstances l'exigent. Il est en effet nécessaire que les tribunaux puissent décider si la faute légère peut donner lieu dans l'espèce qui leur est soumise à des dommages-intérêts, et quelle en doit être la quotité; de même pour les cas de responsabilité du fait d'autrui, qui n'ont pas été expressément prévus, la responsabilité du fait des clercs, et celle du notaire en second. S'il ne faut pas que les fonctions notariales, qui doivent être remplies avec conscience, délicatesse et intelligence, soient par l'impunité ouvertes aux imprudents et aux téméraires, si l'impéritie et la mauvaise foi appellent une répression, il est des fautes légères qui passent inaperçues, des défaillances de détails auxquelles un homme sage et prudent ne peut toujours échapper, des erreurs minimes dans lesquelles il a peut-être été induit tout le premier et qu'il est bon d'excuser, en raison du peu de préjudice qu'elles ont causé et de la situation respective du notaire et du client. Tous l'admettent, même les plus intransigeants; aussi cette section ne sera que l'exposé d'une pratique dont nous reconnaissons la légalité et la nécessité, car si toutes les décisions que nous rapportons ne sont pas également justes, ceux de leurs motifs qui touchent au pouvoir d'appréciation des tribunaux ne peuvent faire l'objet d'une discussion.

Il est universellement admis, disons-nous, que les tribunaux peuvent, en vertu de l'article 68 de la loi du 25 ventôse an XI, tout en constatant l'existence d'un préjudice, d'une faute, et le rapport de causalité entre la faute et le préjudice, refuser des dommages-intérêts ou en modérer le chiffre, et cette décision échappe au contrôle de la Cour de cassation. Cassation, 27 novembre 1837 (D. 37. 1. 465, S. 37. 1. 945); 20 janvier 1841 (D. 41. 1. 211, S. 41. 1. 577); 19 juin 1872 (D. 72. 1. 346, S. 72. 1. 281); 20 novembre 1876 (S. 78. 1. 273); 22 janvier 1890 (*Gaz. Pal.*, 90. 1. 281).

Il peut dès lors se présenter trois cas : le notaire sera condamné à réparer la totalité du préjudice subi, ou il n'en réparera qu'une partie, ou il sera renvoyé indemne. Pour chaque cas nous indiquerons les principales espèces jugées, tout en faisant encore remarquer que les circonstances de la cause ont été d'un grand poids dans chaque décision.

Les juges peuvent condamner un notaire à réparer la totalité du préjudice causé : Cassation, 24 décembre 1888 (S. 89. 1. 103) et 6 janvier 1890 (S. 90. 1. 459). C'est ce qui a été décidé au cas de nullité d'un testament pour défaut de date : Rouen, 31 mars 1886 (D. 87. 2. 228) et Cassation 24 décembre 1888 (D. 89. 1. 165); au cas de nullité d'un acte pour défaut de signature : Cassation, 14 avril 1886 (D. 86. 1. 466) et 16 mars 1886 (*Gaz. Pal.*, 86. 2. 723); au cas de négligence dans l'accomplissement d'un mandat de placement hypothécaire : Cassation, 18 janvier 1892 (S. 92. 1. 255); par suite de la nullité du cautionnement d'un entrepreneur de travaux publics, le notaire a été condamné envers l'État à des dommages-intérêts supérieurs à ce cautionnement, entre autres au paiement de sommes dont l'entrepreneur est débiteur envers l'État à raison de malfaçons : Cassation, 11 août 1857 (S. 58. 1. 435); de même au cas de conseil manifestement imprudent : Bourges, 22 août 1877 (D. 78. 2. 163).

La réparation peut n'être que d'une partie de la perte causée : Cassation, 31 mars 1885 (D. 85. 1. 406); au cas de nullité d'un testament pour vice de forme : Bordeaux, 8 mai 1860 (D. 60. 2. 129) et Angers, 23 mars 1876 (D. 78. 2. 151); au cas de négligence dans l'accomplissement d'un mandat de procurer un placement hypothécaire (renseignements insuffisants sur la valeur du gage) : Douai, 22 décembre 1840 (S. 41. 2. 139); au cas d'inexécution du mandat de faire transcrire un acte : Bordeaux, 17 janvier 1886 (*Gaz. Pal.*, 86. 2. 151); au cas de nullité d'un acte résultant de ce que le notaire était le beau-frère d'une des parties, alors que la personne qui produisait l'alliance était décédée : Bordeaux, 14 mars 1843 (D. 43. 2. 177); même au cas d'annulation d'un acte par sa faute, le notaire peut n'être condamné qu'aux dépens et à la restitution des frais de cet acte : Angers, 23 mars 1876, précité ; Dijon, 29 juin 1864 (D. 65. 2. 117) ; Bordeaux, 14 mars 1843 et 8 mai 1860, précités.

Le notaire peut enfin être déchargé de toute responsabilité, par exemple, à raison de l'erreur commise dans une expédition, si elle n'a causé qu'un préjudice minime : Cassation 19 janvier 1832 (D. 32. 1. 320), ou à raison des difficultés particulières de rédaction : Cassation, 2 mai 1882 (*Gaz. Pal.*, 83. 2. 6).

Les tribunaux tiennent un grand compte des agissements par lesquels la partie lésée a elle-même causé ou aggravé le préjudice ; il peut en résulter une atténuation : Cassation, 31 mars 1862 (D. 62. 1. 330) ; Lyon, 8 février 1867 (D. 67. 2. 154) ; Cassation, 17 août 1869 (S. 69. 1. 396) ; Grenoble, 24 mars 1874 (S. 74. 2. 179) ; Orléans, 14 mai 1886 (*Gaz. Pal.*, 86. 1. 851) ; ou même la suppression de toute responsabilité, si la faute de la partie eût entraîné le préjudice indépendamment de la faute du notaire : Riom, 8 décembre 1847 (D. 48. 2. 77) ; Cassation, 25 juin 1867 (D. 68. 1. 74) ; Riom, 20 mars 1884 (*Gaz. Pal.*, 84. 1. 789).

Il a été spécialement jugé : 1° qu'il y a lieu d'atténuer les dommages-intérêts à payer par un notaire à raison de la nullité d'une donation, lorsque les héritiers ont refusé une transaction et ont par leur conduite déterminé le donateur à léguer à d'autres personnes les biens à eux donnés, qu'ils auraient recueillis comme héritiers : Lyon, 8 février 1867, précité ; 2° il y a lieu de tenir compte au notaire condamné pour avoir passé acte de la vente d'un bien dotal, de ce que l'acheteur a négligé de prendre connaissance du contrat de mariage : Cassation, 31 mars 1862, précité ; 3° lorsqu'une opération unique

entre une partie et plusieurs autres, dont deux notaires intéressés à l'affaire, a été l'objet d'actes séparés dont ces notaires
se sont réservé la rédaction, en prenant soin de rester étrangers
aux actes les concernant, l'annulation des divers actes dont
s'agit, prononcée principalement par application des articles 8
et 68 de la loi du 25 ventôse an XI, ne donne lieu à aucune
responsabilité de la part d'un de ces notaires vis-à-vis de l'autre,
à raison du préjudice qu'a fait éprouver à chacun d'eux la nullité des actes où ils stipulaient personnellement, cette infraction à la loi de ventôse constituant une faute commune aux
deux notaires. Cassation, 4 août 1864 (D. 64. 1. 437) ; 4° un notaire qui fait opérer la radiation d'une inscription, dont le créancier avait donné mainlevée pure et simple, ne saurait être
rendu responsable de la perte du gage dont la mainlevée est la
cause unique ; il n'en serait autrement que si cette mainlevée
n'avait été obtenue que par une fraude dont le notaire se serait
rendu complice : Orléans, 8 août 1889, sous Cassation, 21 octobre 1891 (D. 92. 1. 221).

L'âge et les infirmités de la personne lésée, les agissements
du notaire, la gravité du fait préjudiciable, la mort du notaire,
et la position de fortune de la victime et de ses héritiers, l'incertitude de la doctrine et de la jurisprudence sur un point de
droit, seront autant d'éléments dont le juge aura à s'inspirer.

APPENDICE A

De la responsabilité du notaire en second.

Sans avoir l'intention de faire un historique du rôle du notaire en second, il est cependant nécessaire de rappeler sommairement à quelles obligations et à quelle responsabilité il était astreint avant la loi du 21 juin 1843 sur la forme des actes notariés, et quels changements y a apportés cette loi.

Jusqu'en 1843, on s'était demandé si la présence du notaire en second aux actes qu'il signait était nécessaire pour faire courir sa responsabilité par rapport à ces actes. La loi du 25 ventôse an XI, comme l'ancienne jurisprudence, quand elle exige l'intervention du second notaire, lui assigne un rôle passif ; c'est un assesseur *qui vicem duorum testium sustinet*. Toute la responsabilité porte sur le notaire en premier, car les articles 12, 16, 17 et 68, qui parlent du notaire contrevenant, ne peuvent s'entendre que de celui des deux notaires qui dresse l'acte, le reçoit et le retient en minute. La plupart des auteurs professaient cette opinion ; ils enseignaient que le notaire en second n'était pas tenu d'assister à la réception des actes auxquels il apposait sa signature ; d'où ces deux conséquences : que l'acte reçu par le notaire en premier, et simplement signé ensuite par le notaire en second, ne pouvait être annulé pour ce seul fait ; et que le notaire en second ne devait pas être responsable des suites de cet acte, à moins qu'il ne s'agît d'actes pour lesquels la loi exige la présence simultanée des deux notaires.

Mais brusquement la Cour de cassation, qui avait admis jusqu'ici cette pratique, dans deux arrêts du 11 novembre 1835 et 3 août 1836 adopte une solution opposée et décide que la présence réelle du notaire en second est exigée à peine de nullité des actes. C'est pour remédier à cette jurisprudence que fut votée la loi du 21 juin 1843. Le garde des sceaux disait à ce sujet : « L'immense responsabilité que cette jurisprudence faisait peser sur le notariat a dû éveiller la sollicitude du gouvernement. Cette responsabilité est telle qu'on ne doit pas se dissimuler qu'en amenant la ruine des officiers publics elle ne couvrirait pas les intérêts des justiciables et que la nullité des actes reçus conformément à un usage constant aménerait des désastres dont les suites seraient incalculables ».

La loi du 21 juin 1843 distingue deux sortes d'actes : les actes ordinaires, dans lesquels la présence du notaire en second n'est pas exigée à peine de nullité (art. 1 et 3); les actes solennels, énumérés par l'article 2, et dans lesquels la présence du notaire en second est obligatoire, au moins au moment de la lecture des actes et de la signature par les parties, c'est-à-dire, suivant les expressions de M. Philippe Dupin, « au moment où les conventions sont lues, vérifiées, acceptées et certifiées par les signatures de tous ceux qui doivent concourir à l'acte ». Le rapport fait à la Chambre des Pairs par M. Franck-Carré renfermait les considérations qu'on rencontre dans celui de M. Dupin. Les art. 1 et 3 de la loi ne sont que l'interprétation de l'article 9 de la loi de ventôse.

« Cette loi conserve donc toute sa force, toute sa puissance ; elle ne subit aucune modification, et le sens qui lui est attribué par le projet de loi est le sens même qu'une pratique de quarante ans a consacré. » (Rapport de M. Franck-Carré).

La responsabilité du notaire en second est dès lors facile à établir : le notaire en second n'est pas responsable des conséquences ou énonciations de l'acte ordinaire auquel il n'est appelé que pour adjoindre sa signature à celle de son collègue, « espèce de légalisation officieuse de la signature de celui-ci », comme disait la Cour de Paris dans un arrêt du 23 janvier 1834 (S. 34. 2. 81). Il a été jugé également en ce sens que le notaire en second n'est responsable que des irrégularités ou des fautes auxquelles il a participé : Grenoble, 26 juillet 1865 (S. 66. 2. 137) ; Paris, 13 mars 1890 (*Gaz. Pal.* 90. 1. 488) et Seine, 15 janvier 1889 (*Gaz. Pal.*, 89. 1. 525). Mais il en est responsable, ainsi que de la fausseté de l'acte ou des erreurs qui ont été commises par sa propre faute. Rennes, 19 juillet 1834 (D. 34. 2. 81) et Cassation 20 novembre 1876 (S. 76. 1. 273). Il est même admis que le second notaire ne serait pas responsable (à moins d'y avoir participé par la connaissance solennelle qu'il en aurait eue) des nullités contraires aux lois ou aux bonnes mœurs. Cette opinion, qui a été repoussée par Vergé, *Responsabilité des notaires*, 118 et suivants, et vivement combattue par M. Lespinasse, *Des attributions et de la responsabilité du notaire en second* (*Revue critique*, 1886, p. 421), et par M. Labbé, cité par ce dernier auteur, cette opinion, disons-nous, qui ne laisse à la charge du notaire en second aucune nullité, même celles qu'une simple lecture suffit à révéler, implique la dispense de tout examen et de toute lecture.

C'est en ce sens que se prononce un auteur peu suspect de partialité pour les notaires, Éloy, 1, 309, et c'est ce qui ressort à l'évidence du rapport de M. Dupin, sur la loi de 1843 : « On a considéré que la formalité de la signature après coup du second notaire était sans inconvénient pour les parties et d'un accomplissement facile pour les notaires..... Bien que ce ne soit pas une garantie puissante, le notaire en second, sans pénétrer indiscrètement dans le secret des actes, vérifie si les formes extérieures sont observées, si le protocole est régulier, et, si l'acte ne contient pas de blancs ou des interlignes dont on puisse abuser... On n'a pas voulu enlever sans motif ces garanties, quelque faibles qu'elles puissent paraître ». Sans doute il eut été « plus net et plus logique de supprimer une formalité à peu près illusoire, d'effacer des actes une pure fiction et des protocoles menteurs, etc. ... ». N'est-ce pas assez reconnaître que la signature du notaire en second n'est qu'une simple formalité, incapable d'engager sa responsabilité ? Aussi la doctrine s'est-elle prononcée en ce sens : Rolland de Villargues, *Responsabilité des notaires*, 180; Dalloz, *Répertoire*, v° *Responsabilité*, 447.

Ainsi l'exposé des motifs conseille, mais la loi ne prescrit nulle part, le contrôle et la révision de l'acte par le notaire en second. La conséquence que l'on doit naturellement en tirer, c'est que, dans les actes ordinaires, ce notaire ne peut partager la responsabilité du notaire instrumentaire. Mais cette théorie, qui écarte absolument la responsabilité du notaire en second contresignant après coup un acte ordinaire, admet la responsabilité du second notaire dont la présence continue à être exigée au moins à la lecture de l'acte par l'art. 2 de la loi du 21 juin 1843 : Bordeaux,

8 mai 1860 (D. 60. 2. 129). Il est également reconnu que le second notaire, qui coopère à la réception de l'acte sur l'invitation
d'une des parties et qui reçoit sa part dans les honoraires, est
responsable à raison de cet acte, bien que sa présence ne soit pas
nécessaire à sa validité ; *a fortiori,* si l'acte a été rédigé en double
minute pour être conservé chez les deux notaires : Cassation,
17 octobre 1893 (D. 94. 1. 159). Si le notaire en second avait
accepté de la partie un mandat pour les formalités subséquentes
à l'acte, il se trouverait soumis sur ce point à la responsabilité du
mandat : Cassation, 1er mars 1886 (D. 86. 1. 457).

APPENDICE B

Du fait des clercs.

———

§ I. Les clercs des notaires sont leurs préposés dans le sens de l'article 1384 du Code civil, car ils agissent sous les ordres et la surveillance de leur patron et c'est lui qui les dirige. En conséquence les notaires sont responsables du fait de leurs clercs, conformément à ce même article 1384, pour tous les actes qui se rattachent directement à leur emploi. Ils doivent donc réparer le préjudice causé par les fautes de leurs clercs dans les fonctions qu'ils leur ont conférées. Cassation, 2 décembre 1824 (S. 25. 1. 20); Trib. Joigny, 17 mars 1859 (D. 59. 3. 46).

Mais, pour engager ainsi son commettant, il est nécessaire que l'acte du clerc rentre dans la fonction qui lui a été attribuée. C'est bien le droit commun de l'article 1384, et la Cour de Paris en a fait une remarquable application dans un arrêt du 20 février 1864, décidant que, si à la suite d'un transport dont les parties ont pris à leur charge la signification par une déclaration mentionnée immédiatement sur l'enveloppe de la minute et ultérieurement sur le registre des formalités, les parties s'adressent à un clerc de l'étude qui, sur leur demande, rédige et fait signer par le débiteur cédé une acceptation de transport sous la forme sous seing privé, insuffisante pour rendre le transport opposable

aux tiers, ce clerc, ayant à l'insu de son patron fait un acte purement officieux et prêté son ministère pour des fonctions auxquelles
il n'était pas employé, n'a pu par cette faute engager la responsabilité du notaire. Un notaire en effet ne peut être considéré
comme préposant ses clercs à la rédaction des actes sous seing
privé qu'il peut convenir à ses clients de faire, même en son
étude, à son insu (P. Pont, *Revue du notariat*, 768).

Mais, dira-t-on, quelles sont ces fonctions? Où commence et
où finit la responsabilité du notaire?

On est d'accord pour regarder comme ressortissant des fonctions des clercs la réception des actes et papiers nécessaires pour
dresser un acte, la réception des sommes remises par les parties
pour acquitter les droits d'enregistrement, la réception des honoraires convenus pour la passation de l'acte. Mais le notaire ne
pourrait être responsable de l'exécution du mandat donné à son
clerc, ou du dépôt confié à ce clerc, à moins qu'il n'ait été constaté
que ce dépôt a été fait ou ce mandat donné du consentement
formel du notaire ou sur son indication. Les arrêts sur cette matière sont souvent des arrêts d'espèce, fondés sur des usages universellement suivis, par exemple, sur la nécessité à Paris d'accor-
der aux clercs une confiance presque illimitée. Seine, 28 mai et
14 juillet 1841 et 29 mai 1834 (D. 35. 3. 12); Bordeaux, 12
janvier 1881 (*Gaz. Pal.*, 82. 1. 32); Chartres, 5 mai 1882.
(*Gaz. Pal.*, 82. 1. 118); Amiens, 14 mai 1890 (*Gaz. Pal.*, 90. 2.
406); Lyon, 3 mai 1873; Cassation, 11 mai 1891 (D. 92. 1.
215).

§ II. Les clercs ne sont responsables ni vis-à-vis du client qui
s'est confié à eux, ni vis-à-vis du notaire, lorsqu'ils sont restés

dans les limites de leur mandat. Trib. Joigny, 17 mars 1859 (D. 59. 3. 46). Les motifs de ce jugement contiennent un exposé très net des règles sur ce point : « Le caractère du notaire est exclusivement attaché à sa personne ; la confiance des clients, commandée par son caractère public, lui est également personnelle, et il ne peut, sans trahir son devoir, reverser sur ses clercs, souvent sans expérience et sans maturité, le mandat qu'il tient de la loi ou de ses clients ; d'où il suit que les clercs, quels que soient leur capacité et leur rang hiérarchique, ne peuvent être regardés que comme des auxiliaires choisis pour seconder leur patron dans les travaux et les démarches nécessités par les affaires de l'étude ; que, spécialement en ce qui concerne le travail si délicat de la rédaction des bordereaux d'inscription et autres actes, leur rôle se borne légalement à des travaux préparatoires, à des projets qui doivent être nécessairement revisés par le titulaire de l'office et ne peuvent devenir définitifs qu'après avoir reçu sa signature ou son approbation ; si les obligations et devoirs du notaire sont tels, ce qui est incontestable, il faut bien en conclure que les clercs ne peuvent avoir l'idée d'usurper les fonctions du patron ; qu'ils ne s'engagent qu'à donner leur temps et leur travail, sous sa surveillance et sa direction ; qu'ils doivent compter sur un contrôle incessant et sévère, et qu'il ne peut entrer dans leur pensée d'assumer une responsabilité hors de proportions avec leurs ressources, leur salaire et leurs facultés ; responsabilité d'autant plus redoutable qu'elle peut compromettre leur existence entière, et que leur inexpérience ne leur permet pas toujours de la conjurer ».

Il arrive souvent que les clercs figurent dans les actes comme mandataires ; contre qui le mandant pourra-t-il agir s'il vient à subir un préjudice? On s'accorde à distinguer si le clerc n'a fait que substituer son patron, qui est alors le véritable et seul responsable, ou s'il a agi comme véritable représentant du mandant. C'est ainsi que dans le premier cas, le clerc qui, sur l'ordre du patron, signe comme mandataire du prêteur un acte de prêt n'est pas responsable de ce prêt ; la responsabilité doit retomber tout entière sur le notaire qui est le véritable mandataire : Lyon, 3 mai 1873 et 21 décembre 1887 (*Gaz. Pal.*, 88. 1. 219); Orléans, 7 janvier 1842 (D. 43. 2. 85); Douai, 2 février 1888 (D. 89. 2. 174); Cassation, 28 mai 1888 (D. 89. 1. 187).

Mais le notaire n'est pas responsable des actes de son clerc lorsque ce dernier figure dans un acte de l'étude, mais que le mandat a été donné au clerc en son nom personnel, et non en sa qualité de clerc : Amiens, 14 mai 1890 (*Gaz. Pal.*, 90. 2. 406). Si le clerc n'est pas responsable des fautes qu'il commet dans les limites de ses fonctions de clerc, il doit l'être et l'être seul en ce qui excède ces fonctions, par exemple pour les dépôts d'argent : Bordeaux, 12 janvier 1881 (*Gaz. Pal.*, 82. 1. 32); Chartres, 5 mai 1882 (*Gaz. Pal.*, 82. 2. 118); Angers, 9 avril 1892 (D. 92. 2. 50).

SECONDE PARTIE

Examen critique de quelques arrêts.

Nous avons cherché dans la première partie de cette étude à
établir des principes qui, au mérite d'être tirés directement de
la loi et de maintenir la balance égale entre les notaires et leurs
clients, joignent celui plus grand encore de la précision et de la
stabilité. Comme le disaient à des époques différentes les auteurs
auxquels nous avons emprunté notre épigraphe, l'arbitraire
n'est pas dans l'esprit de notre législation et il importait de réagir
contre la tendance contraire de la jurisprudence : c'est ce que
nous croyons avoir fait, et nous ne saurions en donner une
preuve plus éclatante qu'en montrant quelle indécision, quel
arbitraire et quelle confusion de principes vrais ou faux règnent
dans les sentences de nos cours et tribunaux.

Les arrêts que nous allons examiner ont été réservés parce
que l'enchaînement de la discussion ne nous permettait pas de

leur consacrer des développements suffisants ; et nous nous sommes attaché à rechercher ceux qui posent des idées générales plutôt que les arrêts d'espèce ; presque tous condamnent le notaire en se fondant sur toutes sortes d'éléments disparates et contradictoires ; quelques-uns sont l'œuvre d'une saine appréciation des faits, d'une équitable justice, et nous avons voulu les citer ici comme nous avons précédemment cité celui de la Cour de Lyon du 3 juillet 1868 (D. 68. 2. 229), pour montrer que quelquefois il se trouve encore des magistrats qui ne condamnent pas le notaire *parce que notaire*, et pensent qu'au-dessus de leurs idées personnelles il y a la loi, égale pour tous [1].

I. Une femme séparée de biens et pourvue d'un conseil judiciaire avait, par contrat authentique, fait une acquisition d'immeuble en remploi de deniers dotaux, avec l'assistance de son conseil, mais sans l'autorisation de son mari. Un arrêt de la Cour d'Agen du 9 novembre 1881 avait déclaré le contrat nul et condamné le notaire qui l'avait reçu à réparer le préjudice causé au vendeur par cette nullité pour incapacité de l'acquéreur (S. 82. 2. 233). Cette décision universellement critiquée était d'une sévérité outrée ; en effet voilà un officier public qui, en présence d'une difficulté, adopte l'avis des auteurs les plus considérables (Demolombe, *Mariage*, II, 157 ; Colmet de Santerre, *Cours de Droit civil de Demante*, VI, p. 254, note 101 *bis ;* Laurent,

---

(1) Les arrêts ne sont pas classés par ordre de dates, mais en concordance avec les grandes divisions de notre exposé doctrinal : devoirs professionnels ; — conseils, mandat d'éclairer les parties ; — mandat et gestion d'affaires en matière de prêt hypothécaire ; — formalités postérieures ; — domicile élu.

Droit civil, XXII, 297 ; Aubry et Rau, V, 516); il consulte la jurisprudence et trouve un arrêt de la Cour de Paris du 17 mai 1834 (S. 34. 2. 280), qui permet à la femme séparée de faire sans autorisation un placement à fonds perdu, ce qui peut compromettre gravement l'intérêt du mari et de la famille; il en conclut *a fortiori* que la femme séparée de biens peut faire sans autorisation un placement par achat d'un immeuble. La Cour d'Agen décide en sens contraire que l'autorisation maritale est toujours nécessaire, et le notaire égaré par les auteurs les plus considérables, égaré par les précédents judiciaires, va porter seul la peine de l'erreur des meilleurs interprètes et de l'obscurité de la loi !

Cette décision était inacceptable par son excessive rigueur et par sa formelle contradiction avec une jurisprudence constante qui refuse de rendre le notaire responsable de la nullité d'un acte lorsqu'elle provient d'une erreur de droit sur un point controversé ! — Aussi cet arrêt a-t-il été cassé par la Cour de cassation, 2 décembre 1885 (D. 86. 1. 295), considérant « que l'étendue des pouvoirs de la femme séparée de biens pour acquérir des immeubles a été entre les auteurs l'objet d'une controverse qui n'a pas reçu de solution juridique; — que dans cet état le fait du notaire de n'avoir pas exigé, pour l'acquisition dont il recevait l'acte, l'autorisation du mari, ne suffisait pas en l'absence de toute autre circonstance à constituer sa responsabilité vis-à-vis du vendeur ».

II. Les nullités de testament étant une source importante de responsabilité notariale, nous ne pouvons laisser sous silence trois arrêts qui ont eu un grand retentissement et ont causé dans le notariat une légitime émotion. Il s'agit de l'annulation d'un testament authentique pour erreur de date, et de la condamnation du notaire à des dommages-intérêts évalués à 700.000 francs, sans que ni la moralité ni la capacité de ce notaire en soient atteintes. Quelques mots suffiront pour faire connaître les faits de la cause.

Une dame B. meurt en 1897, laissant plusieurs testaments et codicilles parmi lesquels se trouvait un dernier testament authentique portant la date du samedi 14 février 1876. Or le 14 février 1876 n'était pas un samedi et le seul mois de l'année qui présentait la réunion du samedi comme jour et du 14 comme quantième était le mois d'octobre. C'était en effet le 14 octobre 1876 que le testament avait été réellement dressé ; cette date était reconnue et attestée par le notaire rédacteur, et aussi par le notaire en second et les témoins qui l'avaient assisté ; elle était en outre confirmée par le répertoire, le grand livre de l'étude, les carnets des témoins et d'autres documents. L'erreur paraît s'être produite sous la préoccupation d'un testament antérieur daté de février 1876.

La nullité du dernier testament pour date erronée ayant été poursuivie devant le tribunal civil de la Seine, un jugement de ce tribunal du 3 août 1881 a repoussé la demande et maintenu le testament comme valable. Dans les considérants qui précèdent le dispositif, le tribunal déclare notamment : « qu'il est de principe que la rectification de la date ne doit être opérée qu'à l'aide d'éléments puisés dans le testament lui-même, mais que le principe ne doit pas être entendu dans un sens tellement absolu que ces éléments ne puissent être considérés dans leurs rapports avec les faits et documents extrinsèques; — que si l'on décompose la date inexacte dans son ensemble, on reconnaît que par trois de ses parties constitutives, le jour, le quantième, et le millésime, elle se rattache au mois d'octobre, — que le testament contient révocation de codicilles (au pluriel), qui ne sont qu'au nombre de deux, dont le dernier est daté du 10 juillet 1876, ce qui implique que l'acte attaqué est postérieur à juillet; et que les éléments intrinsèques de rectification sont corroborés par un ensemble de documents concordants. »

Mais sur l'appel de ce jugement la Cour de Paris, par arrêt du 2 janvier 1883 (D. 85. 1. 345), a décidé : « que rien dans le testament ne permettait de discerner si l'erreur commise par le notaire portait sur l'indication du jour de la semaine, sur celle du mois, du quantième du mois ou de l'année; que les premiers juges ont dû se livrer à une décomposition arbitraire de la date du testament en retenant comme constantes celles des énonciations relatives au jour de la semaine, au quantième du mois, au millésime, et en rejetant comme erronée la désignation du mois; que leur décision avait été manifestement inspirée non par des raisons puisées dans le testament, mais par des faits et des documents extrinsèques; et que l'argument tiré du mot codicilles (au pluriel) pour fixer la date postérieurement au 10 juillet 1876 se trouvait détruit par la production d'un troisième codicille de mars 1871, de sorte que cette date pouvait être antérieure à juillet 1876 ». En conséquence la Cour a annulé le testament et condamné le notaire à indemniser les légataires institués de toutes les pertes en capital, intérêts et frais à eux occasionnés par cette nullité, et dont le montant s'élève à 700.000 francs environ.

Pourvoi du notaire et arrêt de la Cour de cassation du 19 mai 1885 (D. 85. 1. 345) qui maintient la nullité du testament prononcée par la Cour de Paris, mais casse l'arrêt de cette Cour, comme ayant condamné le notaire à la réparation intégrale du dommage sans avoir apprécié la gravité de la faute et les circonstances particulières dans lesquelles la faute a été commise; ce second point est conforme à l'opinion des auteurs (P. Pont, Demolombe, Eloy, Rutgeerts et Amiaud).

Saisie du renvoi, la Cour de Rouen, par arrêt du 31 mars 1886 (D. 87. 2. 228), a décidé que l'erreur commise par le notaire constituait un manquement des plus graves au devoir rigoureux de sa profession et l'a condamné, comme avait fait la Cour de Paris, à la réparation intégrale du dommage.

Le pourvoi contre cet arrêt de Rouen a été rejeté par la Cour de Cassation le 24 décembre 1888 (D. 89. 1. 165).

Si nous devons nous incliner devant la justice, nous n'en conservons pas moins le droit d'exprimer les sentiments inspirés par des arrêts si rigoureux, dont les conséquences sont excessives.

Au point de vue du droit, le tribunal de la Seine, tout en posant le principe que la rectification de la date devait être opérée seulement avec l'aide d'éléments puisés dans le testament, a jugé que le testament attaqué renfermait les éléments nécessaires, et qu'ils étaient corroborés par un ensemble de preuves extrinsèques. La cour de Paris, puis celle de Rouen ont nié l'existence dans le testament même des éléments de rectification. Ce désaccord entre des magistrals distingués prouve que la question de droit était douteuse; mais ce qui assurément n'était pas douteux, c'est la vérité de la date réelle, et cette vérité éclatante ne devait-elle pas imposer la solution la plus équitable?

Quant au montant de la condamnation prononcée contre le notaire, nous faisons observer ce qui suit : les notaires comme les autres hommes sont sujets aux défaillances du corps et de l'esprit, et pas plus chez eux que chez les autres, la ferme volonté ne suffit pas toujours pour combattre quelques moments d'inattention. Même en reconnaissant la gravité de l'erreur commise on doit faire la part de la faiblesse humaine. D'ailleurs n'est-on pas en droit de se demander si la testatrice elle-même n'y a pas contribué? On sait, en effet, avec quel soin scrupuleux les notaires donnent lecture des testaments qu'ils reçoivent, depuis la première jusqu'à la dernière syllabe; et il est certain que le testament attaqué porte la mention qu'il a été lu en entier. Pourquoi la testatrice, qui ne pouvait ignorer qu'elle se trouvait au mois d'octobre, n'a-t-elle pas fait rectifier le mot février, en l'entendant prononcer? Dans tous les cas la punition est hors de proportion avec la faute; en admettant la nullité de l'acte, il semble que les cours devaient user ici de la faculté qu'elles possèdent de modérer le montant des dommages-intérêts. La condamnation écrasante qui a été prononcée non seulement ruine complètement le notaire et sa famille, mais lui inflige cette torture intolérable pour un homme de cœur de rester à jamais insolvable (Et il se rencontre encore des juges taxateurs qui contestent aux notaires leur droit à l'honoraire proportionnel!)

Enfin les conséquences de cette condamnation sont des plus

étranges. Le patrimoine de la défunte se trouve doublé au détriment du patrimoine du notaire, et les volontés librement et solennellement exprimées par elle deviennent lettre morte, puisque les héritiers exclus de sa succession la recueillent en entier.

En résumé, il est permis de déclarer que les trois sentences rendues en cette affaire ne satisfont pas l'esprit. Sans doute les magistrats se sont considérés comme liés par le texte de la loi, mais l'esprit même de la loi ne pouvait-il pas les délier? On l'a dit bien souvent : *Summum jus, summa injuria!*

III. Le notaire qui signe un acte comme l'ayant reçu et le met au nombre de ses minutes, bien qu'il n'ait pas été en rapport avec les parties, et que l'acte lui ait été présenté tout rédigé et déjà signé par les contractants, commet une infraction, et si l'acte par lui signé et authentiqué renferme des énonciations qui par leur fausseté compromettent les droits d'une des parties, il est tenu de l'indemniser du préjudice qu'elle souffre. Cassation, 1er juin 1840 (D. 40. 1. 200).

Soit, mais il faut s'entendre :

Les actes signés à l'avance pourraient être, suivant les circonstances, considérés comme n'ayant pas été reçus par un notaire assisté de deux témoins. Ils tomberaient alors sous le coup des articles 9 et 68 de la loi du 25 ventôse an XI.

Quant à rendre un notaire responsable d'un acte reçu d'après un projet même définitivement rédigé sur timbre, c'est autre chose. Sans doute le notaire en recevant l'acte le fait sien. Par suite il sera responsable de toute faute imputable à l'officier public comme tel, soit que cette faute découle de l'inobservation des règles relatives aux formes, soit que la teneur de l'acte révèle directement au notaire une cause de nullité. Mais c'est toujours par une confusion regrettable qu'on étendrait sa responsabilité à toutes autres circonstances que le notaire n'aurait pu connaître sans s'interposer d'office entre les parties et devenir le scrupuleux vérificateur de tous les points de droit et de fait.

Nous pensons qu'en recevant un acte sur projet, et en lui conférant l'authenticité, le notaire se renferme scrupuleusement dans les termes de l'article 1 de la loi du 25 ventôse an XI. Sauf mandat spécial il ne doit pas autre chose aux parties qui recourent à son ministère, que recevoir tous les actes et contrats auxquels les parties doivent ou veulent faire donner le caractère d'authenticité. Mais précisément la réception d'un acte sur projet réalise, en quelque sorte, l'idéal de cette définition. Si l'acte préparé n'a rien d'irrégulier dans le fond ni dans la forme, si les conséquences dommageables qui peuvent en découler échappent à un examen direct de l'acte, le notaire n'a pas d'interrogatoire à faire subir aux parties ; son seul devoir consiste à déférer à leur réquisition (art. 3 de la loi du 25 ventôse an XI). Car, en principe, nous l'avons vu, il n'est pas leur conseil.

IV. Le notaire qui reçoit un acte par lequel une hypothèque est constituée au profit de son client sur un immeuble qu'il sait n'être plus la propriété du débiteur par suite de sa mise en société constatée par un acte antérieurement passé par lui, est responsable de l'inefficacité de cette hypothèque, résultant de l'absorption par les créanciers sociaux du prix de l'immeuble hypothéqué : Cassation, 16 août 1865 (D. 66. 1. 11) ; — il en est de même, lorsque sont déclarés libres d'hypothèques, ou libres d'hypothèques autres que celles désignées, les biens vendus ou hypothéqués de nouveau par son ministère : Alger, 1er septembre 1854, confirmé par la Cour de cassation, 21 mars 1855 (D. 55. 1. 625), et Caen, 5 août 1854 (S. 55. 2. 705).

Eloy dit à ce sujet, I, 157 : « Ces décisions sont très justes », et 169 : « Tenir une balance égale entre les parties, les éclairer, rectifier l'erreur, déjouer la fraude, les aider de ses conseils, garder religieusement le secret de ce qui s'est passé devant lui, n'abandonner cette discussion que dans le cas où, l'intérêt public l'exigeant, le secret ne lui est pas recommandé, empêcher que son client ne soit trompé par la dissimulation de droits ou de charges déjà concédées à des tiers, enfin l'avertir des droits et avantages qui lui ont été constitués à lui-même sur l'immeuble vendu ou hypothéqué, tels sont les devoirs moraux des notaires ».

C'est bien là l'exposé précis et détaillé de ce mandat légal d'éclairer les parties que nous avons critiqué longuement dans une des sections de notre première partie. Les notaires sont responsables s'ils ne peuplent pas leur mémoires des protocoles entiers de leur étude, et s'ils n'en révèlent pas à toute occasion le contenu, sauf à se faire alors suspendre en vertu de l'article 23 de la loi du 25 ventôse an XI.

La jurisprudence les frappe de dommages-intérêts s'ils ne révèlent pas le contenu de leurs actes ; l'article 23 les en frappe s'ils les révèlent. S'ils refusent leur ministère, la même jurisprudence leur inflige de nouveaux dommages-intérêts. Il ne leur reste qu'une ressource, indiquée par M. Labbé à propos de l'arrêt d'Agen du 9 novembre 1881, précité : la démission en masse.

V. Les notaires doivent éclairer les parties sur leurs droits ainsi que sur les conditions et conséquences des actes qu'ils rédigent, alors surtout que les parties sont illettrées et que leur intelligence est bornée ; ainsi il y a faute de la part du notaire qui reçoit un acte aux termes duquel son client, atteint d'une grande faiblesse d'esprit, quoique non interdit, cède, sans stipuler aucune garantie, à un tiers insolvable, moyennant une rente viagère, la totalité de son avoir (Orléans, 20 juillet 1867), ou qui accepte d'un vieillard affaibli par l'âge une procuration pour vendre de bonnes valeurs et remettre ensuite les fonds à un individu dont il connaît la situation obérée : Orléans, 14 mai 1886 (*Revue du notariat*, 7579).

Les notaires devront, en d'autres termes, être aliénistes et doués du don de discerner les esprits, sans préjudice à la « mission d'éclairer leurs clients sur les conséquences des engagements qu'ils prennent, de suppléer à leur inexpérience et de les prémunir contre leurs faiblesses ; ils exercent en un mot une véritable magistrature pour la protection de leurs intérêts [1] ! »

VI. Les déclarations que fait à son profit et dans son intérêt le notaire rédacteur d'un acte, relativement à la responsabilité qui peut naître contre lui de la conduite qu'il a tenue ou des conseils

____

[1] Cette fin est empruntée aux considérants de l'arrêt de la Cour d'Orléans du 14 mai 1886.

qu'il a donnés dans les circonstances qui ont procédé ou accompagné la passation de l'acte, ne sont pas de nature à lier les juges d'une façon absolue, la loi faisant au notaire défense d'instrumenter pour lui-même : Cassation, 2 avril 1872 (D. 72. 1. 362, S. 72. 1. 109) (Nous avons examiné cette théorie à propos des clauses préventives ou d'exonération).

En conséquence la mention dans un contrat de vente que le prix a été payé comptant après amples explications données par le notaire aux parties sur la position du vendeur et les conséquences qui pourraient résulter de ce paiement fait avant l'accomplissement des formalités hypothécaires, n'exonère pas le notaire de la responsabilité, s'il est déclaré souverainement en fait qu'il n'avait pas suffisamment éclairé l'acquéreur, campagnard ignorant et illettré, sur le danger que lui faisait courir ce paiement : Aix, 28 avril 1870 (D. 72. 2. 79 et S. 71. 2. 133), et Cassation, 2 avril 1872, précité.

Or quel a été le rôle du notaire en cette affaire? Il agissait comme simple rédacteur d'acte; son ministère ayant été requis, il n'était, d'après une jurisprudence constante, tenu qu'au mandat légal d'éclairer les parties (mandat que nous n'admettons momentanément que pour mieux le critiquer).

A-t-il accompli ce mandat dans les limites du possible? A-t-il été—pour nous en tenir aux termes mêmes de l'arrêt—impartial? A-t-il penché vers une partie plutôt que vers l'autre? S'est-il déterminé par la préoccupation égoïste d'un intérêt personnel? A-t-il tendu un piège à la bonne foi d'une des parties?

Les faits prouvent bien le contraire.

Le notaire refuse de passer l'acte le premier jour en informant l'acquéreur à qui le paiement comptant est demandé, que son vendeur n'a pas rempli les formalités hypothécaires, et qu'il s'expose à payer deux fois. Son conseil est énergiquement formulé, puisque l'acquéreur hésite et suspend toute conclusion du contrat.

Deux jours après il revient et déclare vouloir acheter. Nouvelles observations du notaire et sur la situation des immeubles vendus et sur la situation générale du vendeur.

L'acquéreur s'obstine, bien que cette exigence du paiement comptant soit une preuve de la gêne du vendeur. Malgré son ignorance, il a compris cependant les amples explications du notaire sur le risque qu'il court, mais se contente des obligations de son vendeur en cas d'existence de ses biens.

Le notaire rédige alors l'acte où il mentionne les renseignements donnés.

Et l'on dira qu'il a manqué de prudence !

A-t-il trompé l'acquéreur? A-t-il favorisé le vendeur? Non, puisque d'une part il a dévoilé la situation de celui-ci et que d'autre part il a d'abord refusé de rédiger l'acte.

Le notaire avait accompli loyalement son devoir d'éclairer les parties; les juges ne pouvaient donc sans manquer à la loi lui demander autre chose, surtout quand il ressort de tous les faits de la cause que l'acquéreur a eu confiance dans son vendeur plus encore que dans le notaire. Nous avons déjà regretté cette déplorable invention du mandat légal, dont l'accomplissement ne peut jamais être complètement prouvé par le notaire. Mais ces arrêts sont les chefs-d'œuvres du genre. Ils ne permettent même pas aux intéressés de passer outre aux conséquences signalées par le notaire; celui-ci n'est plus seulement le conseil légal, il est encore le conseil obligatoire des parties, et celles-ci doivent suivre l'avis du notaire à peine... de responsabilité du notaire ! Que doit-on penser d'une jurisprudence qui arrive à d'aussi brillants résultats?

VII. La responsabilité d'un notaire ne saurait être engagée pour avoir, en rédigeant le récépissé et l'approbation d'un compte de tutelle dressé par lui, omis de rappeler l'obligation qui incombait au rendant-compte de faire emploi des sommes dont celui-ci était usufruitier et l'oyant-compte nu-propriétaire, alors surtout que rien ne démontre que ce dernier fût dans l'ignorance de ses droits ou incapable de comprendre la portée des actes qu'il a signés : Cassation, 8 mars 1893 (D. 94. 1. 301), cassant un arrêt de la Cour de Paris du 29 octobre 1890.

La cour de Paris avait fait une application évidemment excessive du prétendu principe suivant lequel les notaires sont tenus d'éclairer les parties sur les conséquences des stipulations qu'elles font devant eux.

Dans cette espèce, la demanderesse à l'action en responsabilité, une dame Robert, avait reçu de sa mère, sa ci-devant tutrice légale, un compte de tutelle contenant liquidation et partage de la succession du père de famille décédé dix ans auparavant. La mère tutrice était légataire en usufruit d'un quart des biens de ce dernier, sans dispense de fournir caution ; elle est décédée près de trente ans après la reddition du compte. Le capital grevé d'usufruit n'ayant pas été payé, on a prétendu que le notaire était responsable de cette perte pour avoir omis de mentionner dans le compte de tutelle l'obligation de faire emploi et de fournir caution imposée à la mère.

La Cour de Paris, adoptant les motifs des premiers juges (Seine, 27 décembre 1889), a dit en effet : « Attendu que cet acte garde un silence complet sur la caution comme sur la dispense de caution ; — que ce rôle n'est pas celui d'un notaire qui exerce une sorte de magistrature comme organe de la loi, comme arbitre des parties ; — que le rôle du notaire n'est pas seulement d'être le rédacteur des volontés des parties , mais de les prémunir contre les conséquences résultant de leur inexpérience ou de leur faiblesse ; — que s'il était un cas où le notaire dût sortir d'une neutralité qui ne lui interdit jamais d'éclairer les contractants, ce cas se rencontrait bien dans l'espèce d'un compte de tutelle présenté par une mère à sa fille ; — que la pupille avait le droit de le considérer, sinon comme un protecteur, du moins comme son conseil ; — que les liens révérentiels qui unissaient la fille mariée à sa mère faisaient obstacle à ce que ses revendications parussent être l'œuvre exclusive d'elle-même ou de son mari ; — que le notaire, seul intermédiaire autorisé entre personnes alliées par le sang, avait le strict devoir de rappeler à la mère son obligation légale de faire emploi en éclairant la fille sur son droit ; — qu'il est constant qu'après le compte de tutelle, une demande de caution n'avait plus de chance d'aboutir et ne pouvait même plus se poser, sans revêtir le caractère blessant que redoutait le notaire et que son intervention eût écartée ; — que l'imprudence et la négligence du notaire, dont l'honorabilité n'est d'ailleurs pas en jeu, constituent ici une faute de nature à engager sa responsabilité », et par ces motifs l'a condamné à nouveau au paiement de la somme perdue.

Le notaire soutenait à bon droit que la mention de l'obligation de faire emploi et de fournir caution ne rentrait pas d'une manière directe et nécessaire dans l'objet de l'acte par lui reçu et dont les stipulations, spéciales aux droits de la dame Robert contre sa mère en qualité de tutrice, étaient étrangères à ceux qu'elle tenait de la loi, comme nu-propriétaire de la somme dont la mère avait l'usufruit. D'autre part, l'oyant-compte, femme mariée, majeure depuis quatre ans, était assistée lors de la passation de l'acte de son mari, homme expérimenté. Enfin, même après l'approbation du compte, aucun obstacle légal ne s'opposait à ce que la dame Robert réclamât la caution qui lui était dûe. Il est clair que dans de telles conditions aucune faute professionnelle ne pouvait être reprochée au notaire, et que la cour de Paris, en le déclarant responsable du préjudice éprouvé, s'était méprise sur les attributions et les obligations de cet officier public dont elle a fait pour ses clients une sorte de conseil judiciaire, de tuteur chargé, sous sa responsabilité, de les empêcher de compromettre leurs intérêts.

La chambre civile de la Cour de cassation ne s'y est point trompée, et, usant du droit qui lui appartient d'examiner si les faits constatés par les juges du fond constituent une faute pouvant engager la responsabilité du notaire, elle a rétabli la vérité dans son audience du 8 mars 1893, en cassant l'arrêt qui l'avait méconnue.

VIII. Les tribunaux peuvent déclarer la responsabilité du notaire engagée par le motif que, lors de la rédaction d'un acte, il n'a pas suffisamment éclairé une des parties sur les conséquences d'une stipulation. Rouen, 17 décembre 1860. Dans un précédent arrêt du 21 janvier 1841, la Cour de Rouen posait en principe « que les notaires doivent veiller aux intérêts des parties et leur faire comprendre le sens et la portée des obligations qu'elles contractent. »

Nous l'avons déjà dit, aucune loi n'érige les notaires en professeurs de droit ; aucune loi ne les oblige à peine de dommages-intérêts à expliquer aux parties le sens des clauses qu'elles acceptent et signent. Une semblable doctrine n'aggrave pas seulement hors de toute mesure la responsabilité des notaires ; elle porte directement atteinte à la foi due aux conventions librement consenties, en autorisant la preuve contre le contenu des actes. Car si le notaire peut être déclaré responsable des conséquences d'une clause pour n'avoir pas éclairé suffisamment les parties, une enquête est nécessaire pour établir les circonstances qui se rattachent à cette clause. La présomption légale de capacité des parties et de l'authenticité de l'acte est donc mise à néant.

Dans l'espèce soumise à la Cour de Rouen, il s'agissait d'une obligation d'emploi dans l'intérêt du vendeur. Par sa persistance à en exiger l'exécution, il a donné lieu au procès ; plus tard « il a reconnu les justes craintes de son acquéreur et il les a fait cesser », dit l'arrêt. Ainsi le vendeur et l'acquéreur sont satisfaits, et c'est le notaire rédacteur du contrat qui paie les frais du procès.

IX. Un notaire peut être responsable des suites d'un placement hypothécaire lorsqu'il a pris des renseignements incomplets sur la valeur de l'immeuble, qu'il a payé de ses deniers les intérêts de la somme prêtée pendant la durée du prêt, et qu'il a surenchéri l'immeuble pour son propre compte, bien que d'ailleurs on ne trouve pas un mandat formel d'opérer le placement donné au notaire : Seine, 30 avril 1842.

Cette décision nous paraît très contestable. Les notaires se chargent souvent du paiement des intérêts des sommes prêtées par leurs clients sans recevoir aucune rétribution pour cette avance, et parce que les capitalistes ne veulent pas avoir à régler leurs comptes tous les trois ou six mois avec leurs emprunteurs. Ce fait consitue sans doute le notaire mandataire à l'effet de toucher les intérêts du débiteur, mais il n'établit pas le mandat à l'effet du placement lui-même.

X. Les notaires sont tenus en matière de placements hypothécaires d'examiner et de contrôler les titres de propriété des biens donnés en hypothèque par les emprunteurs. Est responsable le notaire qui a complètement négligé de s'assurer de la validité du testament invoqué comme titre de propriété des biens donnés en garantie. La faute qu'il commet ainsi engage d'autant plus sa responsabilité qu'il avait entre les mains toutes les pièces nécessaires pour s'assurer des circonstances qui frappaient l'institution universelle faite par le testament, et, partant, l'hypothèque consentie, d'une nullité absolue. La circonstance qu'il n'aurait fait que donner l'authenticité à des conventions arrêtées d'avance par les parties hors de sa présence n'est pas élisive de sa faute. Il n'est pas fondé à prétendre que le préjudice essuyé par le prêteur est dû uniquement à la diminution de valeur des propriétés immobilières et à la faillite de l'emprunteur, si l'intention manifeste de celui-là a été de stipuler un gage d'une importance suffisante pour le mettre à l'abri de pareilles éventualités : Bruxelles, 16 novembre 1887 [1].

(1) La jurisprudence belge suit, avec moins de rigueur cependant, les

Il en résulte que : 1° le notaire est l'avocat d'office des parties, et cela sans mandat spécial ; 2° qu'il doit prévoir la diminution de valeur des immeubles et la faillite éventuelle des emprunteurs ! Car si l'on prend pour critérium l'intention du prêteur de stipuler un gage qui le mette à l'abri de toute éventualité, même de force majeure, cet élément existera toujours, et toujours le notaire paiera !

XI. Bien qu'un notaire n'ait pas reçu de ses clients mandat de veiller à la sûreté du placement fait par son entremise, et que sa bonne foi soit reconnue entière, il peut néanmoins être déclaré responsable des conséquences du stellionat commis par l'emprunteur et par suite condamné personnellement à rembourser l'intégralité de la somme prêtée, s'il résulte des faits et circonstances de la cause que le dommage éprouvé par le prêteur est le résultat de la négligence du notaire et d'un examen trop superficiel de la situation de l'immeuble affecté à la garantie de la somme prêtée, alors que, dépositaire de tous les actes qui pouvaient éclairer ses clients sur la sécurité de la garantie hypothécaire offerte par l'emprunteur, il n'a pas pris la peine de faire une vérification qui était dans ses devoirs. En pareil cas la disposition générale de l'article 1382 du Code civil doit recevoir son application : Cassation, 3 août 1858 (D. 58. 1. 374).

Cet arrêt, critiqué par Dalloz, *Répertoire*, 362, et *Supplément,* 509 et 510, est une preuve excellente de la nécessité de

mêmes errements que la jurisprudence française en matière de responsabilité notariale.

principes fermes et nets. Il nous paraît renfermer quatre erreurs sur les bases mêmes des fonctions notariales : erreur sur la mission du notaire; erreur sur l'application des principes du quasi-délit; erreur sur l'obligation pour le notaire d'enfreindre l'article 23 de la loi du 25 ventôse an XI; erreur enfin sur la prétendue faculté réservée aux tribunaux de décider arbitrairement si le notaire est ou non responsable.

XII. Un notaire n'est pas responsable du défaut de solidité d'un placement hypothécaire fait en son étude, quoique ayant proposé ce prêt à l'emprunteur, s'il n'a été ni le mandataire ni le *negotiorum gestor* de celui-ci, notamment si le prêteur versé en affaires et déjà en relations personnelles avec l'emprunteur a accepté librement le placement dont il s'agit, après examen et en dehors de toute ingérence de la part du notaire, ou s'il a effectué lui-même le prêt en parfaite connaissance tant de la valeur du gage que de la personnalité de l'emprunteur : Cassation, 20 octobre 1891 (D. 93. 1. 170), deux arrêts.

Nous sommes heureux de rapporter ces arrêts qui prouvent que dans le tourbillon des faux principes il y a encore des esprits impartiaux qui se ressaisissent pour rendre la véritable justice.

XIII. Le notaire qui négocie un prêt hypothécaire commet une faute en négligeant de faire connaître au prêteur la véritable situation de l'emprunteur et en ne lui indiquant à la charge de celui-ci qu'un passif hypothécaire inférieur au passif réel. — De son côté le prêteur est en faute s'il néglige d'exercer le privilège qui lui a été conféré, notamment le privilège du copartageant auquel il a été subrogé. — Et les juges du fond décident souverainement que les deux fautes ont concouru au dommage éprouvé par le prêteur et, en conséquence, que le notaire contribuera pour moitié à la réparation de ce préjudice : Cassation, 19 juillet 1892 (D. 93. 1. 151).

En supposant avec l'opinion générale la responsabilité du notaire engagée à propos d'un placement hypothécaire s'il l'a négocié et s'il est en faute, encore faut-il qu'il y ait un préjudice réel, et que ce préjudice soit le résultat de la faute commise par le notaire. Lorsque le demandeur est également en faute, les juges du fond doivent rechercher si le dommage résulte exclusivement de la faute du notaire, auquel cas il sera seul responsable, ou de la faute de son client, auquel cas le notaire doit être exonéré de toute responsabilité.

Dans l'espèce, le prêt se trouvait garanti à la fois par une hypothèque et par le privilège du copartageant. La faute du notaire consistait à avoir indiqué dans la constitution un passif hypothécaire inférieur à la réalité ; la faute du prêteur, à avoir renoncé au privilège auquel il était subrogé. Cette faute le mettant en concours avec les simples créanciers hypothécaires, il avait trouvé le gage insuffisant pour le rembourser. En condamnant le notaire les juges du fait avaient perdu de vue cette circonstance que l'insuffisance des garanties provenait non du fait du notaire qui avait pris soin de mentionner la double sûreté du privilège et de l'hypothèque, l'une complétant l'autre et destinée à lui être suppléée, mais de la négligence du prêteur qui avait compromis lui-même la situation par son fait et dans le libre exercice de sa volonté, en renonçant à faire valoir jusqu'au bout son privilège. C'est donc le prêteur qui par sa conduite, ultérieurement au prêt, avait rendu insuffisantes au moment de la collocation les garanties qui étaient suffisantes au moment du prêt; le préjudice résultait donc directement et uniquement de sa faute. En mettant sur la même ligne la prétendue faute du notaire et celle du prêteur, et en s'abstenant d'établir, pour justifier la responsabilité du notaire, le lien rattachant le préjudice à la faute, il semble bien que la Cour d'Agen, dont l'arrêt du 16 mars 1891 était en question, avait commis une erreur de droit qui autorisait la Cour de cassation à exercer son droit de contrôle, au lieu de se retrancher derrière le pouvoir d'appréciation des juges du fait.

XIV. La Cour de Lyon, par arrêt du 19 janvier 1894 (D. 94. 2. 517), a rendu responsable d'un prêt, non le notaire qui avait reçu l'acte, mais un confrère qui lui avait fourni sur la situation de l'emprunteur des renseignements erronés sur la foi desquels avait été conclu le prêt. La Cour de Lyon a déclaré en effet que le notaire rédacteur n'avait aucune raison de douter de la parole expresse et formelle de son confrère et qu'à ses yeux la réduction du passif pouvait être considérée comme un fait accompli dans les conditions où elle était catégoriquement annoncée.

Nous nous associons à la doctrine de cet arrêt, mais combien de Cours eussent en ces circonstances condamné les deux notaires !

XV. La Cour de Lyon, par arrêt du 23 mai 1894, et la Cour de Dijon, par arrêt du 31 décembre 1894, ont rendu des notaires responsables de la perte subie par les prêteurs sur le montant de prêts hypothécaires.

Dans la première affaire, le notaire prétendait que la responsabilité devait être calculée d'après une proportion établie entre la perte subie par le prêteur, et la diminution de valeur du gage ainsi que la faute du prêteur. Le tribunal de Roanne (7 janvier 1893), et la Cour de Lyon par adoption de motifs, ont condamné le notaire au remboursement de la totalité de la perte, « attendu qu'il est de principe que le taux variable de la valeur des immeubles devrait entrer dans les prévisions du notaire, homme d'affaires expérimenté, et qu'en tout cas celui-ci devait donner à son client toute sécurité pour le recouvrement de sa créance et ne pas l'exposer à voir son gage amoindri ; — attendu qu'il est de règle que la responsabilité du notaire, résultant d'une faute indivisible, l'oblige à indemniser le prêteur de la perte résultant de l'insuffisance du gage et que cette perte est équivalente à la différence entre le prix de la vente des immeubles hypothéqués et le chiffre de la somme due. »

A ces arrêts nous appliquerons ce que nous avons dit de de l'arrêt de Bruxelles, 16 novembre 1887 (X) et ce que nous inspirent les deux arrêts suivants :

XVI. La Cour d'appel de Paris, par arrêt du 31 janvier 1895, confirmant un jugement rendu par le tribunal civil de Joigny, en date du 23 novembre 1893, a déclaré un notaire responsable de trois prêts hypothécaires, et l'a condamné à les rembourser. La Cour de Riom, par arrêt du 18 décembre 1894, en a décidé de même. Ces deux arrêts prétendent que le notaire a été le mandataire du prêteur, parce qu' « il a pris soin de stipuler que non seulement le remboursement du capital, mais aussi le paiement des intérêts devaient avoir lieu dans son étude ; qu'il a fait élire domicile au prêteur dans son étude ; qu'il a constamment gardé les grosses des obligations et a payé de ses deniers certains termes d'intérêts échus, alors qu'il n'avait rien reçu des débiteurs. »

Nous relèverons parmi les motifs ceux basés sur la stipulation du remboursement du capital, du paiement des intérêts et de l'élection de domicile en l'étude du notaire ; ces clauses sont de style, elles se rencontrent dans tous les contrats, et elles n'y ont été introduites que dans l'intérêt des parties ; en stipulant notamment le service des intérêts en son étude, le notaire accepte une charge et rend au client un service gratuit. De même le remboursement du capital et l'élection de domicile en l'étude facilitent le règlement de l'affaire, et évitent au prêteur des déplacements et des ennuis qu'il n'accepterait pas ; et on y voit un mandat pour le placement lui-même !

XVII. Le tribunal civil de Lyon, par jugement du 9 avril 1895, a rendu un notaire responsable d'un prêt hypothécaire de 1.000 francs dans des circonstances qui, malgré les atténuations apportées par le tribunal à la quotité de la condamnation et à son mode d'exécution, nous paraissent bien rigoureuses. Le prêt était de 1.000 francs et était primé par une somme égale, soit 2.000 francs. Le tribunal, après avoir constaté que la valeur vénale des immeubles pouvait être fixée à 4.500 francs, s'exprime ainsi : « Attendu qu'il faut reconnaître que si, à la rigueur, la garantie était suffisante, le prêt n'était pas cependant de tout repos, et présentait dans la réalisation une extrême incertitude, basée sur la crise agricole qui pouvait déprécier encore la valeur de la propriété, et sur les frais plus ou moins considérables qu'il faudrait faire et que l'âge des emprunteurs rendait vraisemblables; que ce n'était pas là le gage que demandait le prêteur; que le notaire, qui ne pouvait se méprendre sur les côtés faibles de l'opération, n'aurait dû la proposer qu'après avoir mis la cliente parfaitement au courant; qu'il ne l'a certainement pas fait; — qu'ainsi, en gardant le silence, le notaire a assumé une responsabilité et commis une faute dont il doit réparation, eu égard à la part qu'il a prise à la réalisation du prêt et de l'acte d'obligation qui en a été la conséquence; — attendu toutefois que pour apprécier équitablement ce qu'il peut devoir de ce chef, il est juste de tenir compte de la difficulté où l'on se trouvait, à l'époque où le prêt a été consenti, d'apprécier la valeur vraie des propriétés rurales dans les communes riveraines de la Saône; qu'il faut tenir compte également des frais postérieurement faits, frais qui ne pouvaient entrer pour une part aussi considérable dans les prévisions du défendeur ». Puis il condamne le notaire à payer 250 francs, mais seulement lorsque la demanderesse aura rapporté la preuve qu'elle a poursuivi et exécuté les débiteurs sans résultat.

Au point de vue général, nous trouvons ici encore comme bases d'appréciation : le gage que demandait le prêteur; le don de seconde vue du notaire pour évaluer les dépréciations d'immeubles; et dans l'espèce, une contradiction évidente dans les motifs qui le chargent et le déchargent à la fois : car en prêtant sur un immeuble dont la moitié de la valeur vénale ne paraissait pas absorbée d'après les constatations même du jugement, le notaire n'avait commis ni faute ni imprudence, et il devait être renvoyé indemne des fins de la demande.

XVIII. La Cour d'appel de Besançon, par arrêt du 31 décembre 1894, confirmant un jugement du tribunal de Besançon du 2 mai précédent, a rejeté une demande en responsabilité intentée contre un notaire à raison d'un placement par voie de transport proposé par lui et réalisé par acte de son ministère. Le client fondait son action sur une faute commise dans l'exécution d'un mandat, et sur une faute professionnelle ; cette prétention a été rejetée tant par le tribunal que par la Cour. Nous empruntons les motifs suivants à l'arrêt de la Cour :

En ce qui concerne le mandat :

« Attendu que l'existence du mandat, quand les obligations qui en dérivent sont supérieures à 150 francs, ne peut se prouver que par écrit, conformément aux dispositions de l'art. 1341 du Code civil et que la preuve testimoniale ne peut être reçue qu'autant qu'elle est appuyée d'un commencement de preuve par écrit, ainsi qu'il est dit en l'article 1348 du Code civil, que ces règles doivent s'appliquer même au mandat tacite toutes les fois qu'il ne résulte pas des circonstances de fait qu'il a été impossible au mandant de se procurer soit une preuve écrite, soit un commencement de preuve par écrit du mandat qu'il invoque ; — attendu que l'appelant ne rapporte aucune preuve écrite du mandat dont il se prévaut et que rien ne l'empêchait de se procurer, mais qu'il allègue certains faits dont il demande à être autorisé à faire la preuve, en fondant leur admissibilité sur les commencements de preuve par écrit, qui, d'après lui, résulteraient de deux lettres écrites et signées par le notaire et de deux autres lettres émanant de l'appelant ». L'arrêt, après avoir établi que de ces pièces il résulte seulement que le notaire avait proposé un placement à un homme versé en affaires, connaisant le pays et capable à tous égards d'apprécier la valeur d'un placement hypothécaire, continue ainsi : « Attendu que le notaire n'a été ni le mandataire spécial de l'appelant pour le transport du...., ni son mandataire général ; que cela ressort de tous les éléments du procès et notamment de cette circonstance que dès le mois de février 1890, l'appelant retirait des mains du notaire la grosse du transport pour la remettre à un notaire d'une autre résidence qu'il chargeait du soin d'encaisser les intérêts à l'échéance ; — attendu enfin et surabondamment que c'est à bon droit que les premiers juges ont déclaré que les faits articulés n'étaient pas pertinents et qu'il y a lieu d'adopter de ce chef des conclusions les motifs du jugement attaqué. »

En ce qui concerne les fautes professionnelles :

« Attendu que ces fautes consisteraient, d'une part, dans l'erreur commise par le notaire qui aurait estimé 70.000 francs des immeubles dont la réalisation trois ans après n'aurait produit que 16.000 francs, et d'autre part, dans l'omission de révéler à son client l'état de liquidation judiciaire du débiteur cédé ; — attendu que le notaire, simple indicateur du prêt, a fait connaître au prêteur, son ami, la nature et la valeur des immeubles hypothéqués et ne lui a pas laissé ignorer qu'il s'agissait d'un transport nécessité pour cause de demande de prorogation de délai ; que dans ces conditions l'estimation de la valeur des immeubles affectés à l'hypothèque peut d'autant moins être critiquée que le notaire a fait connaître au prêteur les sources auxquelles il l'avait puisée, savoir : dans l'acte de prêt, œuvre de son prédécesseur, et dans les constructions et améliorations réalisées depuis; que d'ailleurs c'était là plutôt un renseignement qu'un conseil, et qu'en dernière analyse il appartenait au prêteur seul d'apprécier la sécurité du gage qu'on lui offrait; — que si à cet égard une erreur a été commise, le notaire ne saurait en être responsable, alors qu'on n'articule contre lui ni dol ni fraude; — attendu qu'il n'est pas démontré que le notaire ait omis de faire savoir au prêteur que le débiteur avait été en liquidation judiciaire, qu'il ne paraît pas probable que l'appelant ait pu l'ignorer puisqu'il a été mis en relations directes avec celui qui allait devenir son débiteur, et qu'il a su qu'il s'agissait d'un transfert de créance motivé précisément pour cause de prorogation de délai; qu'enfin la qualité d'ancien liquidé judiciaire ne comportait pas par elle-même la présomption d'insolvabilité; qu'il est certain que l'appelant, après examen et réflexion, a volontairement et librement accepté aussi bien le débiteur que le gage offert, tels que l'un et l'autre lui étaient indiqués par le notaire, dont la bonne foi ne saurait être contestée à l'occasion de cette affaire. »

C'est avec un réel sentiment de soulagement que nous reproduisons in-extenso cet arrêt qui, avec une précision et une sûreté de doctrine malheureusement trop rares aujourd'hui, met résolûment une barrière au flot toujours montant des procès en responsabilité. Nous y trouvons tous les éléments que nous avons admis, et le rejet de ceux que nous avons repoussés : 1° nécessité d'une preuve du mandat; 2° nécessité d'une preuve écrite; 3° le notaire n'est qu'un simple indicateur; 4° le notaire ayant fourni des bases nécessaires au calcul de la valeur du gage est déchargé; 5° le notaire est le mandataire de l'emprunteur et non du prêteur ; 6° c'est au prêteur à examiner les renseignements qui lui sont fournis. L'arrêt déclare avec raison que le notaire n'est pas le conseil obligé et responsable de son client. Les indications qu'il donne, soit sur un emprunteur, soit sur la valeur du gage offert, n'équivalent pas à des conseils. S'ils ont été puisés à des sources autorisées et donnés de bonne foi, ces renseignements, fussent-ils erronés, n'entraînent aucune responsabilité contre le notaire. C'est au prêteur, qui est partie à l'acte, qui est mis en rapport direct avec l'emprunteur, et qui est d'ailleurs assez expérimenté pour savoir ce qu'il fait, à contrôler ces renseignements, à s'éclairer lui-même et sur la solvabilité de son débiteur et sur la valeur de la garantie qu'il lui offre. S'il ne l'a pas fait, il ne peut s'en prendre qu'à lui-même du tort qu'il subit.

On peut en rapprocher un arrêt de la Cour de Rouen du 29 décembre 1896, qui contient une très fine critique de l'objection souvent reproduite que la partie était illettrée : il répond avec raison que « les parties les plus illettrées sont souvent les plus entendues en affaires et ont des connaissances que l'on trouve rarement en défaut alors surtout que leurs intérêts sont en jeu. »

XIX. La Cour de cassation (Ch. des requêtes), par arrêt du 2 juillet 1896, rejetant le pourvoi formé contre un arrêt de la Cour de Douai, du 9 juillet 1895, a décidé qu'il appartient aux juges du fait de déclarer par une appréciation souveraine des circonstances de la cause et les habitudes du notariat de la région que, dans un prêt hypothécaire, le notaire a agi comme mandataire du prêteur ; qu'il a en outre pris à sa charge comme garant tous les risques du placement et que sa responsabilité dérive de la garantie qu'il a ainsi promise, abstraction faite de toute faute dans l'exécution de son mandat.

Si, contrairement à ses devoirs professionnels, le notaire s'est rendu garant d'un prêt, il est évident qu'il en est responsable en vertu d'une faute personnelle ; mais il nous semble excessif d'en déduire la preuve d'une cause aussi générale que « les habitudes du notariat de la région ».

XX. Le notaire qui reçoit un acte de vente peut, malgré l'absence d'un mandat exprès, être tenu de remplir les formalités nécessaires pour mettre l'acquéreur à l'abri de tout danger d'éviction. L'existence du mandat peut, à défaut de tout commencement de preuve par écrit, être établie au moyen de présomptions. Un tel mandat est salarié à cause des honoraires perçus. Il peut résulter des circonstances ci-dessus que le notaire a agi pour le compte de l'acheteur et comme son gérant d'affaires. Poitiers, 30 juin 1847 (D. 47. 2. 190).

Nous renvoyons à la remarquable étude qu'en a faite en note M⁰ Molineau, le notaire en cause [1]. Bornons nous à dire que d'après cet arrêt la mission du notaire est sans limites, et qu'on la motive par un salmis pour tous les goûts : absence de mandat, mandat ou gestion d'affaires. Quant à la preuve, on a toujours cette ressource si commode de la gestion d'affaires. D'autre part, nous croyions que les honoraires étaient perçus parce que le mandat était salarié ; l'arrêt nous apprend que le mandat est salarié à cause des honoraires perçus !

XXI. La Cour de Pau, par arrêt du 24 avril 1893, a rejeté une

[1] Auteur des *Contraventions notariales*.

demande en responsabilité formée contre un notaire pour défaut de renouvellement en temps utile des inscriptions prises en vertu des actes reçus par son prédécesseur : « Attendu qu'il est difficile de justifier une telle prétention; qu'à l'appui l'appelant ne peut même pas établir que les grosses ont été remises à l'intimé par son prédécesseur; qu'il ne prouve pas davantage qu'il lui ait donné le mandat de veiller sur ces créances et de renouveler en temps utile les inscriptions prises par son prédécesseur; que l'on ne saurait non plus tirer argument de ce que le notaire a encore entre les mains la grosse de l'acte du 8 mars 1871; qu'en effet il a toujours dit et écrit qu'il conserverait cette grosse jusqu'au paiement de certains frais qui lui étaient dus ».

Voilà encore une saine appréciation des faits, et une application correcte de la doctrine constante d'après laquelle, à moins d'un mandat formel, le notaire n'est pas tenu de remplir les formalités postérieures aux actes qu'il reçoit ou qu'a reçus son prédécesseur.

XXII. Le successeur d'un notaire dans l'étude duquel a été faite élection de domicile pour l'exécution d'une obligation est tenu de transmettre aux intéressés les pièces signifiées en son étude pour l'exécution de cette obligation. — La remise qu'il en en a faite au frère du créancier pour les remettre à ce dernier ne le soustrait pas nécessairement à cette responsabilité : Nancy, 22 décembre 1853 (S. 54. 2. 283).

XXIII. Le notaire chez lequel domicile a été élu à son insu et qui a reçu un acte de procédure pour la partie au nom de laquelle a eu lieu l'élection de domicile, peut être réputé, par ce seul fait, avoir accepté le mandat de cette partie, à l'effet non-seulement de recevoir et de conserver les exploits, mais encore de les lui transmettre et de la tenir au courant de toute communication faite dans son intérêt.

D'autre part, le notaire doit être cru sur sa déclaration s'il affirme avoir envoyé par la poste, à la partie, l'acte signifié en son étude comme domicile élu. Paris, 18 juin 1855 (S. 55. 2. 708).

XXIV. Un notaire qui reçoit sans protestations ni réserves la signification, faite au domicile élu en son étude par un créancier son client, d'une sommation de produire à un ordre, est tenu de transmettre audit créancier cette sommation, bien que cette élection de domicile résulte d'un acte sous seing privé auquel ledit notaire est demeuré étranger, alors surtout qu'elle lui avait été révélée antérieurement par une précédente signification également acceptée sans protestations ni réserves, une telle abstention impliquant de sa part l'acceptation au moins tacite du mandat qu'il avait reçu. Nancy, 28 mai 1892.

Nous avons groupé ces trois arrêts qui exposent des principes généralement reconnus faux, et qui en arrivant au même éternel résultat, la condamnation du notaire, se contredisent mutuellement.

D'abord, le notaire n'est tenu du chef de son prédécesseur que comme dépositaire et en tant que fonctionnaire public, mais il ne succède point à ses obligations personnelles.

Ensuite, nous ne voyons pas la base d'une obligation résultant d'une élection de domicile dont le notaire n'a pas eu connaissance et qu'il n'a pu accepter; — à moins qu'on ne mette cette obligation à la charge de toute personne dans le même cas, ce qui paraît douteux.

Enfin, nous l'avons dit, il n'est pas possible de refuser une signification ou copie d'exploit, et toutes protestations et réserves seraient inutiles. Quant à l'envoi au créancier, il ne faut y voir qu'une simple complaisance, comme le déclare, après un arrêt de la Cour de Paris du 6 mai 1872, *Revue du notariat*, 4181, un arrêt de la Cour de Douai du 23 novembre 1892, que nous avons réservé pour la fin, en vue de terminer sur une décision juste et consolante :

XXV. L'élection de domicile faite pour la validité de l'inscription hypothécaire en l'étude d'un notaire étranger à l'affectation hypothécaire, sans son aveu et à son insu, ne peut devenir à sa charge le principe d'un mandat.

Si le notaire envoie au créancier la sommation à ce dernier de prendre communication du cahier d'enchères sur saisie, il ne le fait que par un bon vouloir purement gratuit.

Le renvoi de la lettre et son retour à l'étude ne peuvent avoir pour effet d'obliger le notaire à des démarches et à des recherches ultérieures.

CONCLUSION

De toute cette étude que pouvons-nous conclure? Nous avons constaté la fâcheuse tendance de la jurisprudence à toujours condamner le notaire, coupable ou non ; nous avons d'autre part, d'après les auteurs les plus considérables, et en empruntant aux théories de chacun ce qui nous semblait juste et concordant avec les textes légaux, essayé d'établir les véritables principes de la responsabilité notariale. Les règles que nous avons adoptées, sous la sage latitude laissée aux tribunaux par les mots « s'il y a lieu » de l'article 68 de la loi du 25 ventôse an XI, nous paraissent charger les notaires d'une responsabilité déjà considérable, et le nombre des recours que nous admettons serait encore très important. Si notre doctrine était admise par toutes les Cours, la question de la responsabilité notariale recevrait une solution aussi équitable que juridique, et cela au double avantage du public qui cesserait de compter sur un recours devenu par trop de rigueur le plus souvent illusoire, et du notariat qui ne serait plus exposé à des réclamations trop souvent mal justifiées et qui nuisent quand même à sa considération. Il est en effet impossible que les notaires, pendant toute leur carrière, aussi bien dans l'exercice de leurs fonctions que pour les actes extérieurs, soient comme en équilibre sur une corde tendue, sans autre balancier que les arrêts contradictoires des

Cours et Tribunaux livrés à un arbitraire qui n'est même pas tempéré par la censure de la Cour de cassation.

La conclusion qui s'impose est donc celle-ci : nous ne sommes pas partisan de l'intervention du législateur, surtout avec notre système parlementaire ; mais le mal est tel, que cette intervention est devenue nécessaire et nous pensons qu'elle devrait s'exercer dans un sens analogue à celui de la loi hollandaise du 9 juillet 1842 et restreindre la responsabilité à ce qui est relatif à la forme de l'acte, sauf toujours les cas de dol et de fraude. Sans doute il arriverait ainsi que des notaires, d'une conduite équivoque, pourraient échapper à des actions qui les atteignent aujourd'hui ; mais c'est le sort commun, et mieux vaut encore une loi qui laisse échapper quelques coupables que celle qui atteint des innocents.

Paix aux hommes de bonne volonté et de bonne foi, sécurité à ceux qui ont le droit de penser qu'ils ont accompli tous leurs devoirs et dont la conscience est tranquille, tels sont les principes qui nous semblent bons à suivre pour le législateur. Espérons que le nouveau siècle verra enfin cette réforme du notariat qui depuis quarante ans est réclamée de toutes parts.

Vu par le Président de la thèse,
ANDRÉ WEISS.

Vu par le Doyen,
GLASSON.

VU ET PERMIS D'IMPRIMER :
Le Vice-Recteur de l'Académie de Paris,
GRÉARD.

TABLE DES MATIÈRES

CHAPITRE III

CHAPITRE IV

APPENDICES.

DEUXIÈME PARTIE

BAR-LE-DUC. — IMPRIMERIE CONTANT-LAGUERRE.

IMPRIMERIE
CONTANT-LAGUERRE
AVXILIVM VITAM
BAR-LE-DUC